Angela Pabst

# DIE ATHENISCHE
# DEMOKRATIE

Verlag C.H.Beck

Mit 6 Abbildungen

Die erste Auflage dieses Buches erschien 2003.

2., aktualisierte Auflage. 2010

Originalausgabe
© Verlag C.H.Beck oHG, München 2003
Satz, Druck u. Bindung: Druckerei C.H.Beck, Nördlingen
Umschlagabbildung: Ostrakon (Tonscherbe) mit griech. Inschrift von
Herodeion (Israel), 1. Jh., Jerusalem, Studium Biblicum Franciscanum
Photo: akg-images/Erich Lessing
Umschlagentwurf: Uwe Göbel, München
Printed in Germany
ISBN 978 3 406 48008 9

*www.beck.de*

# Inhalt

# Vorwort

Braucht ein Bändchen zur antiken Demokratie eine Rechtfertigung? Man kann diese Frage mit genausoviel Inbrunst verneinen wie bejahen. Einerseits nämlich läßt bereits der Name des Systems erkennen, daß man es hier gewiß nicht mit einem Gegenstand von rein antiquarischem Interesse zu tun hat. Andererseits besteht aus demselben Grund nicht gerade ein Mangel an modernen Darstellungen, manche davon weiterhin leicht zugänglich und in der Behandlung der von ihnen gewählten Aspekte gelungen. Wer ein neues Werk verfaßt, tut demnach gut daran, sich selbst und der Leserschaft Rechenschaft darüber zu geben, was dessen spezielles Anliegen ist.

Die folgenden Ausführungen zur «Athenischen Demokratie» möchten am Beispiel jener Stadt, über die wir am detailliertesten informiert sind, vorrangig mit den zentralen Konzepten der «Volksmacht», wie die Griechen sie verstanden, vertraut machen und ihre Spur in den Alltag hinein verfolgen. Die Untersuchung ergänzt damit Arbeiten, die das Thema mit Konzentration auf das außenpolitische Geschehen oder auf einzelne Institutionen betrachten. Vor allem jedoch hoffe ich, daß sie für all jene nützlich ist, welche die Urahnin unserer eigenen Verfassung deshalb kennenlernen wollen, um über den Inhalt der scheinbar wohlbekannten Formel neu nachzudenken. Ihnen soll auch der direkte «Dialog» mit der Antike erleichtert werden. An die Quellen heranzuführen und Voraussetzungen zum Verständnis der Texte zu schaffen, ist daher ein wesentliches Ziel der kleinen Schrift. So oft wie möglich kommen die Zeitgenossen selbst zu Wort, wobei Stellenangaben Gelegenheit zur näheren Beschäftigung mit der Materie bieten. Daß dabei nur eine repräsentative Auswahl auftaucht, muß kaum gesagt werden.

Um keine unnötigen Barrieren zu errichten, erscheint das Altgriechische stets in Umschrift, die Akzente sind als Betonungszeichen zu verstehen. Bei weniger bekannten Namen ist die originale Aussprache beibehalten, bei berühmten Personen (Sokrates, Aristoteles), für die sich heute die Regeln des Lateinischen eingebürgert haben, erfolgt keine Festlegung. Auf eine Wiedergabe der Besonderheit langer und kurzer Vokale wird verzichtet. Der Konvention gemäß wird ou (statt original: oy; lautlich: u) geschrieben. Eine andere Vorbemerkung betrifft das Faktum, daß sämtliche auf die Antike bezüglichen Zahlen vor unserer Zeitrechnung liegen, während bei Formeln wie «die Moderne» o. ä. stets an den westlichen Kulturkreis gedacht wurde. Darlegungen zu Forschungskontroversen mußten weitgehend unterbleiben. Entsprechende Informationen sind aber unschwer den im Literaturverzeichnis aufgeführten Werken zu entnehmen.

Das Vorwort beschließen soll der herzliche Dank an die mir nahestehenden Menschen, deren vielfältige Unterstützung mir gerade in den letzten Jahren sehr wichtig gewesen ist, und eine Widmung. Zugeeignet sei das Bändchen der Arbeitsgemeinschaft «Demokratia», einer schon seit etlichen Semestern existierenden Gruppe Erlanger Studierender, mit deren Mitgliedern ich viele Aspekte der Demokratie ertragreich diskutieren konnte, wobei wir von Kolleginnen und Kollegen aus unterschiedlichen Fächern unterstützt wurden. Auch ihnen sei herzlich gedankt, ebenso dem Verlag C. H. Beck für das Interesse am Manuskript und seinem Lektor, Herrn Dr. von der Lahr, für dessen Betreuung. Allgemein formuliert sei dieses Buch

*für alle Demokratinnen und Demokraten.*

# I. «Was ihr zugrundeliegt»:
# Die zentralen Prinzipien der antiken Demokratie

## I. Die Macht des Volkes

Eine Darstellung der Demokratie mit ihrem Namen zu beginnen, hat Tradition.

«Und der Name unserer politischen Ordnung ist, da sie nicht auf wenige, sondern auf die überwiegende Zahl sich stützt, als *demokratía* bekannt geworden.» So lautet der Satz, der eine der frühesten, zugleich qualitativ hochwertigsten Annäherungen an den Gegenstand eröffnet. Einzig den Verweis auf die Pionierstellung der Athener schickt Thukydides (2,37) noch voraus, während er auf Gleichheit wie Freiheit erst im Anschluß, dann allerdings weit ausführlicher zu sprechen kommt. Es ihm nachzutun, und den Namen der Demokratie als Ausgangspunkt zu wählen, liefert gerade die knappe Eingangssequenz seines Textes einen doppelten Grund. Sie führt nämlich zwei Dinge vor Augen, die sich als reines Faktum ebenso rasch vermitteln wie aufnehmen, in ihren Konsequenzen freilich viel weniger mühelos verarbeiten lassen.

Demokratie, so die erste schlichte Information, ist eine altgriechische Vokabel, die über die Auseinandersetzung mit altgriechischen Quellen in den Sprachschatz der Neuzeit gelangt ist. Was daraus für ihren anfänglichen Kontext folgt, wird dann etwas anschaulicher, wenn man beobachtet, wie es Thukydides' Leserschaft offenbar unmittelbar einleuchtend erscheint, daß die derart betitelte Verfassung «auf die überwiegende Zahl sich stützt». Das Wort selbst enthält mithin damals eine Aussage von einiger Präzision und einer Deutlichkeit, die ein Vorwissen unnötig macht und auch den Spielraum für Interpretationen recht eng begrenzt. Ist es schon von hieraus sinnvoll, der ihm innewohnenden Botschaft Aufmerksamkeit zu schenken, so illustriert die Passage noch einen weiteren gewichtigen Sachverhalt:

den einer zeitlichen Dimension. Im letzten Viertel des 5. Jh. verfaßt, umreißen die Zeilen eine Situation, in welcher der Ausdruck *demokratía* zwar bereits als weitverbreitet und etabliert gelten kann, seine Entstehung jedoch noch nicht so lange zurükkliegt, um im Bewußtsein nicht mehr klar präsent zu sein. Zudem wird eine besondere Verbindung zum politischen System Athens postuliert.

Moderne Forschungen haben dieses Bild im wesentlichen bestätigt. Als gesichert darf man es danach ansehen, daß die Prägung des Begriffs der Demokratie in der ersten Hälfte des 5. Jh. erfolgt, wobei einige Indizien auf die Jahre nach 477 und vor 462 deuten und alternative Vorschläge die Zahlen eher in Richtung eines noch späteren (ca. 450) denn eines früheren Ansatzes verändern. In den Grundzügen rekonstruieren läßt sich aber nicht nur das «Wann» des Vorgangs, sondern auch das «Wie». Ganz zurecht haben Wissenschaftler – mit Nachdruck etwa Jochen Bleicken – darauf hingewiesen, daß es eine durch das frühe 5. Jh. erheblich gewandelte Realität politischer Gepflogenheiten ist, welche die Griechen veranlaßt, erstmals den Gedanken der Demokratie zu artikulieren.

Daß eine Vokabel, ohne die wir bei Äußerungen über Staaten nur sehr schwer auskommen und die wir als ebenso epochenübergreifend wie universell erleben, erst von einem bestimmten historischen Augenblick an existierte und in einem bestimmten Kulturraum nach mehreren Jahrhunderten politischer Entwicklung geschaffen wurde, ist gewiß nicht belanglos. Eine wirkliche Herausforderung angesichts eingefahrener Denkmuster (und vielleicht eine echte Überraschung) ist freilich erst die Feststellung, daß die soeben gemachte Aussage nicht weniger auf die Idee der Demokratie als auf das Wort zutrifft. Deren Genese geht nämlich ihrer sprachlichen (Er-)Fassung allenfalls unwesentlich voraus und kann auf dieselbe Wurzel, die neue politische Wirklichkeit des frühen 5. Jh. zurückgeführt werden.

Nicht allein die Vorgeschichte der Demokratie, von der noch zu reden sein wird, zeigt sich von hieraus in grundsätzlich anderem Licht. Vor allem wird verständlich, weshalb sich ein Ansatz von ihrem Namen her empfiehlt. Denn dies hat nichts damit zu tun, jenen Moment zu feiern, wo eine längst vorhandene Vorstellung, vielleicht sogar eine, die zur geistigen Grundausstattung des Menschen gehört und keiner weiteren Erklärung bedarf, in eine griffige und traditionsbildende Formel gekleidet wurde. Man erzielt vielmehr einen Näherungswert an jenen Zeitraum, in dem das Konzept der Demokratie – vorher auch inhaltlich völlig unbekannt und näher besehen alles andere denn selbstverständlich oder simpel – überhaupt erst in die Welt gelangte. Als willkommene zusätzliche Bestätigung mag die Beobachtung dienen, daß mit keiner Silbe früher, von nun an jedoch sehr lebhaft eine Beschäftigung mit dem Gedanken einsetzt, in deren Verlauf er theoretisch wie in der praktischen Anwendung weiterentwickelt und mit Engagement und Offenheit kontrovers und intensiv diskutiert wird. Solange man das nicht aus den Augen verliert, ist es von rein marginaler Bedeutung, wie man sich in der Frage der Zuordnung jener kurzen Spanne von maximal einem guten Jahrzehnt entscheidet, in der, von der Mitwelt noch nicht realisiert, bereits Strukturen bestanden, die bald darauf als demokratisch erkannt und demokratisch genannt wurden.

Wesentlicher ist es dagegen, sich zu vergegenwärtigen, daß neben dem Sprachlichen die Art der Entstehung dafür sorgt, daß Demokratie für die Griechen ein Konzept mit klaren Inhalten ist, nicht belanglos außerdem, das Geschehen, wie chronologisch, so auch geographisch zu verorten und seinen Schauplatz genauer zu bestimmen. Daß einen dies nach Athen bringt, ist nicht nur im Bewußtsein der Antike fest verankert. Und es ist insoweit völlig berechtigt, als der Stadtstaat mit hoher Wahrscheinlichkeit tatsächlich die Geburtsstätte der Demokratie war und mit Sicherheit heute den einzigen Fall darstellt, wo sich der Vorgang nachweisen, nicht nur darüber spekulieren läßt. So braucht man es auch nicht als Notlösung zu empfinden, wenn die Quellendichte es nahelegt, die Demokratie klassischer Zeit anhand der «Athenischen Demokratie» zu erläutern. Falsche Assoziationen oder tiefergehende Mißverständnisse gilt es freilich gleich zu Anfang zu vermeiden. Fatal nämlich wird Athens Prominenz dann, wenn sie dazu verleitet, in ihm allzusehr das

Exzeptionelle, die Demokratie vielleicht sogar als etwas typisch oder ausschließlich Athenisches zu sehen.

Dem mit dem Hinweis zu begegnen, das neue Konzept, obschon wohl zunächst in Athen beheimatet, sei rasch zu einem Exportartikel geworden, scheint bloß auf den ersten Blick banal. Wenn man nämlich hinzufügt, daß seine Übernahme keineswegs überall von Athen gesteuert wurde, so zeigt sich, daß die Idee den übrigen Griechen einerseits offenbar keine Verständnisprobleme bereitete, also an gängige Denkweisen anknüpfte, und andererseits vielerorten auf Bedürfnisse traf, die ähnlich wie in Athen gelagert waren und das Angebot attraktiv machten. Nicht nur die spätere Ausbreitung der Demokratie läßt sich jedoch mit Hilfe dieser beiden Faktoren erklären. Sie verleihen auch ihrem Entstehungsprozeß noch schärfere Kontur. So fordert der eine, die bis zu einem gewissen Punkt parallel laufende innere Entwicklung einer Reihe hellenischer Staaten, dazu heraus, die Besonderheit Athens präziser zu definieren, während der andere die Verbindung zu einer für Griechenland charakteristischen Art der Betrachtung politischer Vorgänge herstellt, welche man sonst leicht übersehen könnte.

Vor dem 5. Jh. bietet Athen – das ist die als politische Einheit in der Antike nach ihrem urbanen Zentrum benannte Region Attika – ein für zahlreiche Gemeinwesen der Epoche zwischen 800 und 500 typisches Bild: die Etablierung einer Adelsherrschaft; abgelöst von einer Privilegierung der Adeligen und Reichen; weiter modifiziert durch Maßnahmen, die den Unmut der übrigen Bevölkerung zu beschwichtigen suchen. Auch das dennoch fortdauernde Mißbehagen weiter Kreise ist kein auf Athen begrenztes Phänomen. Ebenso hat der Ort die zeitweilige Errichtung einer Alleinherrschaft (griechisch: *monarchía/tyrannís*), die das Spannungspotential ausnutzt, immerhin mit ca. zwei Dutzend anderen gemein. Daß es diese Phase erst verhältnismäßig spät erlebt, mag dagegen bereits dazu beigetragen haben, daß Athen im Verlauf der ersten Jahrzehnte des 5. Jh. tatsächlich keinem uns bekannten Staat mehr gleicht. Angesichts der Erfahrung von Machtmonopolisierung, die noch frisch im Gedächtnis haftete, sowie realen Gefährdungen von Seiten des gestürzten Tyrannen und auswärtiger Feinde schien es hier kaum ratsam, die Unzufriedenheit eines beträchtlichen Teils der Einwohnerschaft mit den politischen Verhältnissen einfach zu ignorieren. Genau das aber war es, was an den meisten prinzipiell mit einer ähnlichen Stimmungslage konfrontierten Plätzen geschah und was sie später durchaus für die Übernahme der Demokratie, nicht aber als deren Geburtsstätte tauglich macht.

Diesen Titel dürfte Athen jedoch auch gegenüber ernsthafteren Konkurrenten behaupten, wobei es ein gewaltiger Irrtum wäre, dahinter die Zuschreibung genialer Fähigkeiten an die oder einige Athener zu vermuten. Ganz im Gegenteil gibt uns Athen wohl sogar die einzige Chance, den neuen Gedanken, als den wir die Demokratie stets in Erinnerung haben sollten, ohne jeden Rekurs auf einen geistigen Quantensprung zu erklären. Nicht zufällig kommt das schließlich so einschneidende Resultat an dieser Stelle wenig spektakulär und ziemlich langsam zustande. Über etwa dreißig Jahre hinweg lassen sich Reformen bei einzelnen Elementen des alten Systems konstatieren sowie, davon mitbedingt, ein veränderter Umgang mit bereits vorhandenen Institutionen, so der längst existenten, aber selten einberufenen Versammlung des Volkes, und die immer intensivere Nutzung bislang vernachlässigter politischer Handlungsmöglichkeiten. Nicht eine dieser Maßnahmen setzt an konzeptionellen Grundlagen mehr voraus, als man für die Zeit als bekannt nachweisen kann. In ihrer Gesamtheit freilich erzeugen sie evolutionär eine völlig neue politische Wirklichkeit, die dann ihrerseits allmählich intellektuell erfaßt und am Ende auf den Begriff gebracht wird. Ein ähnlicher Effekt bei einem punktuellen Ereignis wie etwa dem Aufstand, der um 490 in Syrakus für ca. 5 Jahre das Regime der Reichen beseitigte, ist demgegenüber nur wenig wahrscheinlich. Sobald die Idee der Demokratie jedoch einmal in der Welt war, stand ihrer Rezeption andernorts nichts im Wege. Beispiele ihrer realen Umsetzung (oder von Versuchen dazu) streuen bald genauso über den ganzen griechischen Kulturraum wie sie als Gedanke in die Vorstellungswelt der Hellenen insgesamt, auch jener, die sie vehement ablehnen, Eingang findet.

Begünstigt wird die Verbreitung durch einen Faktor, dem schon bei der Genese der *demokratía* nichts weniger denn die zweite Hauptrolle zufällt. In einer Entwicklung ohne harten Bruch hat sich nämlich nicht nur das öffentliche Leben Athens bis zu dem Stand umgestaltet, wo seine Betrachtung ganz neue Assoziationen auslöste. Gleiches gilt für das, was sich in den Köpfen der Betrachter abspielte. Hier formt sich die neue Erkenntnis ebenfalls auf der Basis lange etablierter Denkstrukturen, indem das Anschauungsobjekt Athen (Element 1), unter einem bereits vorher üblichen Blickwinkel besehen und in ganz traditioneller Weise befragt (Element 2), eine Antwort auslöst, die sich rein theoretisch nicht hatte finden lassen. Klarer wird das anhand dessen, was die Griechen vorher an politischen Vorgängen beschäftigte. Man gelangt damit bis zurück in jene Zeit, in der sich, noch sehr rudimentär, die ersten Ansätze eines Gemeinschaftslebens ausbilden. Das für Hellas Typische tritt dabei im Vergleich mit einer anderen politischen Kultur der Antike, mit Rom, zutage. In Rom, dessen Geschichte als Staat mit einer Fremdherrschaft begann, entwickelte der Adel, in markantem Unterschied zum griechischen, nicht nur eine stark kollektive Orientierung, sondern war auch nach dem gewaltsamen Sturz der etruskischen Könige weiterhin von der prinzipiellen Notwendigkeit einer machtvollen Regierung überzeugt. Während diese als solche kaum der Rede wert schien, dominierte «die Sache der Gemeinschaft» (*res publica*, das Urwort der «Republik») Äußerungen über öffentliche Einrichtungen und Tätigkeiten. Dagegen erwachsen politische Strukturen in Griechenland in der Regel daraus, daß sich die führenden Männer einer Region dazu durchringen, für einige wenige Bereiche von allgemeinem Interesse Kompetenzen aus der eigenen Hand und ihrer rein persönlichen Verantwortung zu geben. Angesichts dieser Ausgangslage verwundert es kaum, daß schon früh «Macht» (*krátos*) und «Herrschaft» (*arché*) im Brennpunkt der Aufmerksamkeit anzutreffen sind, wobei solche Empfindungen bereits von einer begrenzten Verfügungsgewalt wachgerufen werden. So ist, um nur ein Beispiel zu nennen, bei dem jährlich wechselnden Inhaber des höchsten athenischen Amtes, dessen Spur sich bis ins frühe 7. Jh. recht sicher zurückverfolgen läßt, die Beschreibung als *árchon*, «Herrschender» sogar zum Titel geworden, ohne daß dies je mehr implizierte als (maximal) das Kommando im Krieg sowie Gerichtsbarkeit in weniger gravierenden Fällen. Zur Bezeichnung einer gesamten Verfassung taugte der Ansatz demnach nicht. Ebensowenig bot er die Grundlage für ein positives Konzept eines Souveräns. Um ein solches auszulösen, war vielmehr genau das Zusammenspiel der alten Fragen («Wer sind jetzt hier – nach all den Gewichtsverschiebungen des frühen 5. Jh. – die Herrschaftsträger?»; «Welche Macht hat welche Institution?») mit der neuen Realität Athens nötig. Denn sie ließ nur noch einen Schluß zu: Athen konnte man nun sehr wohl mit einem Wort charakterisieren. Athen war eine *demo-kratía*, die gesamte Macht, nicht eine einzelne Spezialbefugnis lag beim Volk (*démos*).

Ehe wir uns den Inhalten dieser Begriffe und des neuen Konzepts als Ganzem zuwenden, lohnt eine letzte Vorbemerkung zum Verhältnis von Athen zu Griechenland und eine Differenzierung. Weder sollte man sich nämlich vorstellen, die Demokratien klassischer Zeit hätten überall genau dieselben Einrichtungen und Praktiken aufgewiesen, noch andererseits solche Varianten überschätzen oder gar aus ihnen auf einen in den Grundzügen abweichenden Demokratiebegriff schließen. Um hier zu einer adäquaten Bewertung zu gelangen, erweist sich besonders eine Passage aus Aristoteles' *Politik* (1317a 40– 1318a 2) als hilfreich und zwar gleichermaßen durch das darin entwickelte Theoriemodell wie durch einzelne Sachinformationen seitens eines Mannes, der selbst kein Athener war, sein Leben nur zum Teil dort verbrachte und sich als empirische Basis seiner stark abstrahierten Lehre von den «politischen Dingen» (*politiká*, danach der heute gebräuchliche Buchtitel, abgekürzt: *pol.*) Vorstudien zur Verfassung von 158 Gemeinwesen anfertigen ließ und außerdem die Werke anderer, erneut auch nichtathenischer Forscher zum Thema sichtete, welche im Original jetzt meist verloren sind.

Der sorgfältig aufgebaute Text aus dem späten 4. Jh. (vor 322) stellt in vielem die Quintessenz der nun weit über 100 Jahre währenden Beschäftigung antiker Menschen mit der Demokratie dar und wird uns noch öfter begegnen. Die Trennung, die Aristoteles darin vornimmt, ist die zwischen 1. «Basis/Prinzip der Demokratie», «dem, was ihr zugrundeliegt», und 2. dem Katalog «typisch demokratischer» Verfahrensweisen und Institutionen. Bei einigen Politikwissenschaftlern der Gegenwart, z. B. Dieter Fuchs, findet sie in der Unterscheidung zwischen einer 1. «Kulturebene» («grundlegende Werte der Demokratie») und einer 2. «Strukturebene» eine Entsprechung.

Aufmerksame Lektüre ergibt freilich einen bemerkenswerten Befund. Auf dem zweiten Level fühlt sich Aristoteles verpflichtet, etliche (nicht jeden) seiner Sätze zu modifizieren und, jeweils mit «oder» eingeführt, die Bandbreite der Möglichkeiten anzudeuten. Für die zentralen Aussagen zur Demokratie dagegen sieht er daran keinerlei Bedarf. Hier sind es pauschal «die allgemeine Ansicht» und «alle Demokraten», mit denen sich der Autor einig weiß. Eine weitere Bestätigung erhält man, wenn man Gründe und Gestalt der Varianten untersucht und dabei Dinge wie die Größe eines Ortes, dessen Finanzkraft und lokale Traditionen genannt findet, welche Einschränkungen für die Besoldung öffentlicher Tätigkeit oder kleinere Ratsgremien erfordern, sich aber im Rahmen des «typisch Demokratischen» halten. Ein Beispiel wie Athen läßt sich demnach nicht in jedem Punkt generalisieren, weicht jedoch auch auf der «Strukturebene» nicht grundsätzlich von anderen ab. Daß wir bei ihm so detaillierte Informationen haben, geht im übrigen wesentlich auf Aristoteles' Materialsammlung zurück. Als einzige der Vorstudien hat das Traktat *Vom Staate der Athener* (*Athenaíon politeía*) in einer Papyrusabschrift der römischen Kaiserzeit überlebt und wurde Ende des 19. Jh. wiederentdeckt. Wie stark die Abhängigkeit von diesem Text ist, wird daran sichtbar, daß manche Einzelheiten nur für seine Zeit bekannt sind. Vor voreiligen Schlüssen sollte man sich jedoch wiederum hüten. In zentralen Gedanken ist nämlich nicht allein zwischen verschiedenen Orten, sondern, wie gerade die jüngere Forschung betont, auch zwischen dem 5. und 4. Jh. Übereinstimmung festzustellen.

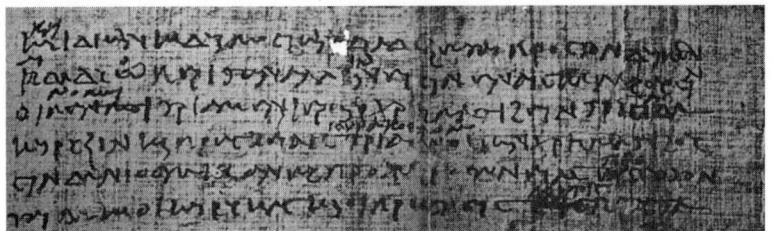

*Abb. 1: Einige Zeilen des Papyrus (heute in London), durch den die Athenaíon politeía erhalten ist. Der wiedergegebene Text (43,6) bespricht Tagesordnungspunkte der 2.–4. regulären Volksversammlung eines Jahreszehntels (dazu S. 70).*

Was für die Griechen das Wort *demokratía* selbst beinhaltete, sagen unsere Quellen mit aller Deutlichkeit: Das Volk (*démos*) hat die Macht inne/übt die Macht aus (*krátein*), heißt es dort, wo Texte in Anspielung auf die Vokabel Bezug nehmen. Daß als Verbum auch häufig «herrschen» (*árchein*), als Substantiv «Herrschaft» (*arché*) benutzt wird, würde nicht einmal befremden, wenn man sich nicht der traditionellen Frage nach Macht wie Herrschaft erinnerte, die an der Genese des Konzepts mitwirkte. Dazu ist die Umschreibung der Demokratie als «Herrschaft des Volkes» vielen Menschen heute entschieden zu vertraut, ja sogar wesentlich vertrauter als die sprachlich exaktere Wiedergabe mit «Macht des Volkes», die in der dritten in der Antike oft gebrauchten Variante, welche das Volk als *kýrion*, das politisch bestimmende Element, den Herrn im Staat, den «Souverän» etikettiert, eine weitgehende Entsprechung hat.

Bei genauerem Hinsehen eröffnet der Auftritt von Macht und Herrschaft freilich eine Reihe zusätzlicher Perspektiven. Das gilt schon deshalb, weil es die moderne Forschung intensiv beschäftigte und nicht selten zu kühnen Thesen veranlaßte, daß die Verfassungsbegriffe der Griechen sich teils des einen, teils des anderen Ausdrucks bedienen. So wird mit *oligarchía*, der «Herrschaft» (*arché*) «der wenigen» (*olígoi*), kurz nach der Demokratie, der «Macht des Volkes» – und mit dieser als Kontrastfolie –, ein Terminus für jene Staaten geprägt, die in verschiedenen Graden an der alten Privilegierung der (Adeligen und) Reichen festhielten und ihre Eigenart angesichts der Herausforderung noch weiter ausbildeten. In dieser Idee fanden die meisten Gegner der Demokratie eine politische Heimat, wenngleich sie es zeitweise vorzogen, für sie, freundlicher verpackt, als *aristokratía*, das Regime einer Elite (*áristoi*) zu plädieren. Fraglos die Hauptordnungsformen klassischer Zeit, stehen Demokratie und Oligarchie in einem so klaren Gegensatz, daß Aristoteles sie mit Nord- und Südwind vergleicht (*pol.* 1290a 14 f.). Dem Unterschied von «Herrschaft» und «Macht» geben die Zeitgenossen dabei allerdings so gut wie kein Gewicht.

 *Aristo-kratie*

Doch nicht allein dieser Sachverhalt wird von der Fülle antiker Zeugnisse illustriert, die sich einen Zugang zur Demokratie unter dem Aspekt «Herrschaft» suchen. Vor allem dokumentieren sie, daß ein solcher Ansatz auf ein Resultat führt, welches die Titulierung des Systems als «Macht des Volkes» als eine vielleicht nicht allzu bewußte, dennoch zweifelsohne die bessere Wahl enthüllt: Demokratie stellt in einem spezifischen Sinn nachgerade die Negation politischer Herrschaft dar. Für die Antike heißt das in einer ersten Facette (zur zweiten siehe S. 24), daß jedes männliche Mitglied der Bürgerschaft (die Frage nach den Frauen wird gesondert zu erörtern sein) nicht bloß Objekt, sondern Subjekt staatlichen Handelns ist, nicht nur zu den «Beherrschten», den *archómenoi*, sondern zu den «Herrschenden», den *árchontes* zählt.

Der Umgang mit diesem Phänomen fiel den Griechen deshalb nicht leicht, weil *árchontes* als Oberbegriff für die Inhaber all jener Posten eingeführt war, die man analog dazu *archaí* (Mehrzahl von *arché*, d. h. «Herrschaftspositionen») nannte. Die Sitze im Rat gehörten ebenso dazu wie einzelne Ämter und verdienten in vordemokratischen Zeiten (sowie weiterhin in nichtdemokratischen Staaten) ihr Prädikat vollauf, wurden an diesen Stellen doch sämtliche (oder sehr viele) politische und gerichtliche Endentscheidungen – die schwerwiegenderen stets in den Räten – getroffen, eine mancherorts durchaus existierende Volksversammlung jedoch nur selten einberufen oder an die Beschlußvorlage des Rates gebunden, die sie bloß unverändert annehmen oder ablehnen durfte. Daß frühe Reformen sich dem Bestellungsmodus solcher Institutionen widmeten und etwa die Wählbarkeit zu Ämtern vom Kriterium der Familie auf das Kriterium hohen Vermögens umstellten oder, mit unklarer Kompetenzabgrenzung, dem Rat der Adeligen, evtl. Reichen, einen «Volksrat» (in Chios ca. 570, in Ephesus vor 540/30, in Athen vielleicht schon 594/93, sicher 508/07) zur Seite gaben, änderte an dem Konzept als solchem nichts. Dagegen blieb es von der sich entwickelnden und entwickelten Demokratie in zweifacher Hinsicht nicht unberührt:

Eine neue Sichtweise wurde schon dadurch angeregt, daß sie das Verfahren der Auslosung, das vorher ausschließlich für den «Volksrat» praktiziert wurde, auf nahezu alle *archaí* ausdehnte. Damit nämlich ließ sich sagen, daß es nicht eine Einzelpersönlichkeit, sondern die Bürgerschaft, vertreten durch ein beliebiges Mitglied, war, welche solche politischen Funktionen ausübte. Zugleich bot die zufällige Selektion jedem dieser Gruppe zugehörenden Mann die gleichen Chancen, eine Zeitlang zum Kreis der «Herrschenden» zu zählen. Regelungen, welche die wiederholte Bekleidung derselben Stellung in den meisten Fällen ganz verboten (oder zumindest limitierten), sowie kurze Amtsperioden (ein Jahr oder weniger) gewährleisteten zusätzlich, daß solche Aussichten nicht rein theoretisch waren. In die gleiche Richtung zielte es, daß statt der Ehrenamtlichkeit, die offenbar noch für die «Volksräte» gegolten hatte, eine Bezahlung, «Lohn» genannt, das Übliche wurde. Auf Tagesbasis gewährt (nach lateinisch *dies* = Tag redet man heute von Diäten), sicherte sie in etwa die Befriedigung der Bedürfnisse einer Kleinfamilie und orientierte sich – das ist, wie sich zeigen wird, aufschlußreich – am Einkommen einfacher Arbeiter. Unter diesem Blickwinkel stellte sich die Demokratie demnach als System einer alternierenden Regierungsbeteiligung aller Bürger, als ein ständiger «Wechsel von Herrschen und Beherrschtwerden» dar, an dem es sämtlichen Interessenten möglich war, ganz real zu partizipieren. Gelegentlich konnte der Gedanke in der späteren Theorie (Aristoteles bezieht sich auf einen sonst unbekannten Telekles aus Milet, *pol.* 1298a 12 f.) bis hin zur Konstruktion eines demokratischen Repräsentativgremiums fortgesponnen werden, das dann davon gekennzeichnet ist, daß «alle» (!) hier «der Reihe nach/im Wechsel» einen Sitz einnehmen und Politik gestalten. Explizit «das Volk» sieht der Tragiker Euripides in einer frühen Skizze zur athenischen Demokratie (Aufführung der *Hiketiden* um etwa 424) durch den jährlichen Turnus einander als «Herrn des Landes» ablösen; explizit als «nicht beherrscht» (und «frei») stuft er die Stadt deshalb ein (Vers 404 ff.). Im weiteren Verlauf der in einen mythologischen Plot eingebetteten Szene kommt er jedoch auf eine andere politische Handlungsmöglichkeit der Bürger zu sprechen, welche das Schema von «Herrschenden» und «Beherrschten» in einem zweiten Punkt – und hier viel grundsätzlicher – in Frage stellt.

Jene Männer, Ratsherrn und Amtsträger, die überall nach wie vor «Herrschende» hießen, übten nämlich in demokratischen Staaten faktisch höchstens noch geringfügig «Herrschaft» aus. Sie waren vielmehr im Zuge der Herausbildung der Demokratie auf administrativ-organisatorische Aufgaben reduziert worden und hatten ihre Kompetenz zu bindenden Beschlüssen, Anordnungen, Urteilen zugunsten von Institutionen verloren, in denen «das Volk in seiner Gesamtheit» die Entscheidungen traf und zu denen dem einzelnen ständig – nicht ein- oder wenige Male im Leben – der Zugang offenstand. Den Sachverhalt in dieser Weise zu beschreiben, bietet den Vorteil, daß gleichermaßen die Veränderung hin zu einer Minimierung delegierter Macht und deren akribischer Kontrolle angesprochen ist wie der Grund, der es den Griechen erschwerte, die Verlagerung politischer Gewichte geistig ohne weiteres in den Griff zu bekommen. Selbst eine Kapazität wie Aristoteles gesteht gewissermaßen Sprachlosigkeit (*pol.* 1275a 26–32): Da die Termini *árchontes/archaí* anderweitig besetzt seien, fehle ihm ein «Name», ein präziser Begriff für jene Leute, die er klar als die eigentlich «Herrschenden» der Demokratie erkennt und einstuft, den *ekklesiastés*, d. h. den Bürger als Teilnehmer einer Versammlung des Volkes (*ekklesía*), und den *dikastés*, den Bürger in der Rolle als Richter qua Mitglied eines Geschworenengerichts (*dikastérion*), das in den meisten Fällen den Part des Volkes auf dem Sektor der Rechtspflege übernimmt.

Während der Autor der *Politik* sich hier mit der facettenreichen Verbindung der *aóristos arché*, der «unbestimmten Herrschaft» behilft und damit den Unterschied zu den Ämtern mit ihren «Bestimmungen» (Vorgang einer Einsetzung in den Posten, exaktes zeitliches Limit, Rechenschaftspflicht usw.) ebenso zum Ausdruck bringt wie das Fehlen einer genauen Definition (griechisch = «Bestimmung»), so verdankt noch ein weiterer Gedanke, der in verschiedenen Varianten wiederkehrt, seinen Ursprung der Betrachtung der weitgehend entmachteten *árchontes*. In einer modernen Verpackung ist er sogar bei Demokratietheoretikern der Gegenwart präsent. «Staatsfrei», so lautet die Wendung, die Giovanni Sartori benutzt, um hervorzuheben, daß die hellenische Demokratie keine Staatsgewalt kennt, die nicht mit der Bürgerschaft identisch wäre. «Komplette Freiheit von aller Herrschaft, d. h. allen Obrigkeiten» sieht Platon (*nomoi* 698b) in Athen ebenso verwirklicht, wie er (*politeia* 558c) die Demokratie unter anderem mit dem Prädikat «herrschaftslos» (*ánarchos*) bedenkt. Daß die in diesen Texten aus den 70er/60er Jahren des 4. Jh. mitschwingende Kritik schon früher geäußert wurde, kann man etwa daran ablesen, daß Thukydides sich bemüßigt fühlt, nach Hinweisen auf das Element der Freiheit (in den Facetten der Gestaltung der Politik durch die Bürgerschaft und der Nichteinmischung in private Belange) zu betonen, daß von den Athenern (freiwillig) Normen geachtet und den «Leuten, die jeweils die Herrschaft haben, Gehör geschenkt» werde. Von der oligarchischen Ordnung (S. 17), die Platon als Alternative vorstellt und der zumindest die Figuren seiner fiktiven Dialoge Positives abgewinnen, trennt die Demokratie dennoch eine tiefe Kluft: Als «Untertan» ist der Bürger einer Demokratie schlechterdings nicht zu konzipieren. Ebensowenig wird es «Ehrfurcht» sein, die sein Verhältnis zu Amtspersonen bestimmt.

Deren Bedeutungsverlust ist zweifelsohne ein Faktor, der die *demokratía* sehr nachhaltig prägt. So ist die neue Idee bei ihrer Entstehung ausschließlich auf ein direktdemokratisches System

bezogen. Obschon, wie gesehen, ein repräsentatives Moment –
mit der Besonderheit einer sukzessiven Beteiligung aller – im
Spektrum späterer Theorien nicht fehlt, bewegen sich die meisten Überlegungen selbst dann noch in einem Bereich, wo an der
unmittelbaren Zuständigkeit des gesamten Volkes zumindest
für das «Wichtigste» (Gesetze, Verträge, Einsetzung von Amtsinhabern, Rechtsprechung usw.) festgehalten, Entscheidungskompetenz allenfalls für «weniges» delegiert wird und außerhalb jeder Diskussion steht, daß deren Träger nach ihrer eng
befristeten Tätigkeit ihren Mitbürgern Rechenschaft abzulegen
haben. Weshalb es eines starken Impulses bedurfte, um den Eindruck einer «Macht des Volkes» hervorzurufen, und weshalb
das Konzept der Wahl einer Regierung durch das Volk dazu mitnichten ausreichte, macht ein Blick in vordemokratische Zeit
ebenso verständlich, wie er das ausgeprägte Mißtrauen gegen
die *árchontes*, die «Herrschenden» in Rat und Einzelamt erklärt.
Deren Wahl (direkt immerhin für die zweite Gruppe) erfolgte
nämlich in Athen schon längst, spätestens seit der Reform von
ca. 594/93, durch die Volksversammlung; als Kandidaten für
die wichtigsten Posten kamen jedoch bloß Angehörige der ersten von vier Einkommensklassen in Frage, in welche die Athener zur selben Zeit eingeteilt wurden. Und von einer Kontrolle
seitens der Wähler kann keine Rede sein – sie verblieb bis 462 in
den Händen des Rates (*boulé*) vom Areshügel (*Areíos págos*),
den die moderne Forschung kurz «den Areopag» nennt. In ihm
hatten sich zunächst führende Adelige der Region zusammengefunden, ehe (erneut spätestens ca. 594/93) die auf Lebenszeit
angelegte Aufnahme in dem Sinn geregelt wurde, daß die Inhaber von neun hohen Ämtern nach ihrem Amtsjahr dann einen
Sitz erhielten, wenn das Gremium ihre Tätigkeit positiv bewertete. Vollkommen ungeeignet, die Gewählten als Vertreter ihrer
Wähler erscheinen zu lassen oder letzteren ein Gefühl von
Macht zu vermitteln, sorgte die Konstellation vielmehr dafür,
daß die Empfindung gegenüber den *árchontes* beim nichtprivilegierten Teil der Bevölkerung bestenfalls eine von Distanz war.

Ganz in der Art jenes allmählichen Übergangs, wie er für die
Herausbildung der Demokratie typisch ist, sind im frühen 5. Jh.

zunächst durchaus noch Maßnahmen zu finden, welche traditionelle Reformansätze fortschreiben und auf größere Gleichberechtigung durch Teilhabe an den «Herrschaftspositionen» (beides, anders als die Demokratie, alte Ideen) ausgelegt waren. Für die neun obersten Posten ist diesbezüglich die Erweiterung auf die zweite Einkommensklasse im Jahr 487/86 (bei synchroner Einführung eines kombinierten Wahl-Los-Systems) und die Ausdehnung auf die dritte Einkommensklasse im Jahr 458/57 (hier wahrscheinlich verbunden mit der Bestellung in einem doppelten Losverfahren) teils zu erschließen, teils bezeugt. Dieselben Ämter illustrieren jedoch nicht weniger die andere Linie der Entwicklung: Daß das Thema ihrer Öffnung von der athenischen Bürgerschaft nicht bis zur Stufe der vierten Einkommensklasse weiterverfolgt wurde, besitzt wohl Symbolcharakter. Es resultiert nämlich nicht aus fortdauernden Vorbehalten gegen die Ärmsten, von denen im 4. Jh. allgemein bekannt und akzeptiert war, daß sie sich auch zu diesen Funktionen auslosen ließen (und den Formalien durch Falschangaben bei ihren wirtschaftlichen Verhältnissen Genüge taten). Weit eher spiegelt es, daß der Kampf um die Zulassung zu solchen Stellungen kein Interessenschwerpunkt mehr war, zudem vermutlich als Folge der geistig nun erfaßten neuen Ordnung ohnehin als entschieden galt.

Vorbereitet hatte sich der Bedeutungsschwund der Ämter bereits dadurch, daß sich im frühen 5. Jh. langsam andere politische Gewohnheiten entwickelten. Ohne daß die Regularien uns für diese Zeit greifbar wären – z. B. was die Leute, die zur Einberufung einer Volksversammlung befugt waren, oder die Existenz von dafür fest vorgeschriebenen Terminen anbelangt –, ist doch ersichtlich, daß man die *ekklesía* verstärkt in politische Maßnahmen einbezog und damit auf den Wunsch der Bürgerschaft nach mehr direkter Beteiligung reagierte. Das gestiegene Selbstbewußtsein, welches das Volk durch Erfolge in der Abwehr der Perser (besonders im Krieg von 480/79) wie seine fortbestehende Wichtigkeit für Athens in den achtziger Jahren geschaffene Hauptwaffe, die vor allem von ärmeren Athenern geruderte Flotte, erworben hatte, wird von mehreren Quellen unterstrichen. Dies dürfte tatsächlich ebenso eine Rolle gespielt haben wie eine Palette individueller Beweggründe einzelner Handelnder, die vom persönlichen Ehrgeiz über ihre Hoffnung auf Gewinnung von Rückhalt bei der Menge und auf Verbesserung einer prekären Position hin zur Einsicht in die Notwendigkeit eines breiten Konsenses reicht. Der Schlußpunkt war gleichwohl dramatisch. Er betraf jene Instanz, der Amtsträger nach Ende ihrer Funktion Rechenschaft schuldig waren, und berührte damit implizit die Frage, an wem sie sich im Normalfall schon vorher orientieren würden. Mit der Übertragung der Kontrolle vom Areopag auf das Volk war letzteres gegenüber den *árchontes* (hier konkret dem «Rat vom Areshügel» und den Amtsinhabern) ebenso gestärkt wie ersterer jedweden Einfluß auf die Politik und sogar die Verfügung über seine eigene Zusammensetzung verlor. Wenn man die Eigenart der Genese der Demokratie in Erinnerung behält, spricht daher nichts dagegen, im Jahr dieser Reform, dem Jahr 462, einen Markstein für ihre Entwicklung und ihren eigentlichen Beginn zu sehen. Der Initiator des Gesetzes, uns namentlich als Ephiáltes, Sohn des Sophonídes, bekannt, hat den Schritt jedenfalls mit dem Leben bezahlt. Er wurde kurz darauf ermordet, der Täter von Antike wie Moderne in konservativen Kreisen vermutet.

Das Erbe dieser historischen Situation – und speziell der mangelhaften Akzeptanz der *árchontes* (S. 22) – ist freilich nicht nur eine zwangsläufig direkte Demokratie gewesen, und die Wirkung des Wunsches nach Selbst- statt Fremdbestimmung sowie der Skepsis gegenüber der lange als problematisch erlebten Regierungsgewalt hat sich mitnichten in der Schaffung eines Systems umfänglicher Partizipation erschöpft. Auch Aristoteles' Analyse gelangt zu dem Resultat, daß die politische Teilhabe, die jedem Bürger in gleicher Weise offensteht, eine wichtige, jedoch bloß die eine Seite der Demokratie ausmacht. Völlig ebenbürtig findet sich neben ihr eine zweite, welcher der antike Wissenschaftler noch einmal vom Begriff der Herrschaft her prägnanten Ausdruck verleiht. Angebunden an den Kernsatz «Zu leben, wie man will», formuliert er als demokratische Maxime: «das Nichtbeherrschtwerden, am besten von niemandem, wenn das aber nicht möglich ist, alternierend» (*pol.* 1317b 14 ff.). Es ist demnach, zusätzlich zu dem Postulat eines allen zugänglichen Verfahrens, ein inhaltlicher Anspruch, den die Demokratie an politisches Handeln richtet: Es soll sich auf das absolut notwendige Mindestmaß an Eingriffen in die eigenständige Lebensführung der Bürger beschränken. Deren Objektstatus, die Position als «Beherrschte» ist damit sogar in doppelter Weise aufgehoben. Zum einen zur aktiven Mitgestaltung befähigt und folglich bereits Subjekt der Politik, sind sie zum anderen in nur geringer Gefahr, Opfer restriktiver Maßnahmen zu werden, da solche in hohem Maß rechtfertigungsbedürftig sind und sehr leicht mit sämtlichen Grundsätzen der Demokratie in Konflikt geraten. Deren antike Ausprägung eine freiheitliche zu nennen, sollte man daher trotz zahlreicher anderslautender Ansichten moderner Forscher äußerst ernsthaft erwägen (Näheres in Kap. I.3). Schon hier läßt sich anmerken, daß ein Vergleich von einst und jetzt in diesem Punkt keineswegs automatisch zu Lasten des Altertums geht. Aus der Demokratie selbst eine Veränderung des Charakters staatlicher Herrschaft als einer grundsätzlich auf ein Minimum reduzierten abzuleiten, ist der neuzeitlichen Theorie nämlich durchaus nicht immer gelungen.

Zumindest gegenüber vielen Demokratien des 19. Jh. ist ein Vorsprung der Griechen auf einem anderen Feld zu verzeichnen. Er betrifft den Anteil politisch vollberechtigter Personen an der erwachsenen Gesamtbevölkerung eines Landes. Obschon Athen innerhalb der Demokratien klassischer Zeit wegen einer überdurchschnittlich hohen Zahl an ortsansässigen Ausländern und wohl auch Sklaven, also bei zwei Gruppen ohne politische Mitwirkung, mit einer Partizipantenquote von ca. 20 % wahrscheinlich sogar einen relativ schlechten Wert aufweist, übertrifft es doch Staaten wie die USA um 1830 (geschätzte 5 %) sowie England und Wales (vor der Wahlrechtsreform von 1867: 4 % auf dem Land; knapp 6 % in Städten; ein Jahr danach: 7 bis 8 % bzw. knapp 13 %; Angaben nach M. G. Schmidt, S. 94/105) – und zwar bis um das Vierfache. Wirklich aufschlußreich werden solche Ziffern, wenn man sich als einen wesentlichen Grund für die Differenz die Anwendung oder Ablehnung sozialer Kriterien bei Vergabe politischer Rechte vergegenwärtigt. Dann nämlich zeigt sich, daß der Unterschied nicht einfach in der Größenordnung liegt. Daß in etlichen Staaten des 19. Jh. das gesamte «Industrieproletariat» politisch ausgeschlossen blieb, im 5./4. Jh. einem armen Tagelöhner die gleichberechtigte Mitwirkung jedoch nicht versagt und durch die Diätenzahlung auch faktisch ermöglicht wurde, lenkt den Blick direkt auf die zweite Größe, die im Namen der Demokratie präsent ist, auf das «Volk», das sich in Griechenland durchaus als Formel mit Eigenwert erweist und samt der synonym dafür benutzten Begriffe einige Sätze verdient.

Zwei Schwerpunkte des Interesses lassen die antiken Autoren bei diesem Thema erkennen. Teils rücken sie die zahlenmäßige Stärke der demokratischen Bürgerschaft, teils deren Zusammensetzung aus allen Gesellschaftsschichten bzw. gerade auch aus einfachen Leuten als auffällig und systemtypisch in den Vordergrund. Ein Kontrast zur Oligarchie, dem Regime der «wenigen», das die volle (mancherorts sogar irgendeine) Teilhabe an der Politik nur Männern von edler Geburt oder/und «Reichtum», d. h. einem beträchtlichen Einkommen oder Vermögen, zugesteht, ist mittels beider Ansätze deutlich zu machen. «Alle» statt «wenige», aber ebenso, wie bei Thukydides (siehe S. 9), «die überwiegende Zahl/die Mehrzahl» statt «wenige» kann im ersten Fall eine solche Antithese lauten. Als weitere Varianten tauchen auf Seiten der Demokratie Vokabeln auf wie «die Menge», «die vielen» und «der größere Teil». Als Bezugsgröße, von der her die Bewertungen «wenig – viel», «kleiner – größer» erfolgen, fungiert, stillschweigend hinzugedacht, die Gesamtheit der einheimischen Freien, was bedeutet: jener Personen, die für die Griechen als Bürger potentiell in Betracht kommen. Gewisse Folgen des demokratischen Anspruchs, sich auf die «Menge», den «Großteil» zu stützen, ebenso im übrigen die Verbindung mit Menschen, die sich ihr täglich Brot durch eigene Arbeit verdienen müssen, werden allerdings sogar über diesen Kreis hinaus zu beobachten sein (siehe S. 100).

Die Besonderheit der griechischen Demokratie könnte man demnach dahingehend formulieren, daß hier alle einheimischen

Freien (vereinfacht: «alle») und nicht bloß die zusätzlich noch Reichen (in Variante: Wohlgeborenen) vollberechtigte Bürger waren – und hat das bereits in der Antike getan. Häufig empfanden die Zeitgenossen freilich das Bedürfnis, die Eigenart der demokratischen Bürgerschaft mittels sozialer Kategorien wie «Armut», «Fehlen berühmter Vorfahren», «Erwerbstätigkeit zur Bestreitung des Lebensunterhalts» noch klarer hervortreten zu lassen. Nicht anders als die Rede von den «vielen» usw. findet sich der Gedanke in demokratiefreundlichen wie demokratiekritischen oder -feindlichen Texten, zeigt dann jedoch, je nach Tendenz der Passage, recht beträchtliche Abweichungen im Profil.

Wo Autoren das Selbstverständnis antiker Demokraten wiedergeben, begegnet das Motiv in Gestalt von Hinweisen auf die unterschiedslos gleiche Partizipation von jedermann, sei er arm oder reich, oder als Betonung des Wegfalls von Restriktionen bzw. Privilegien für einzelne, je nach deren finanzieller Lage. Der allgemein freie Zugang zu den Ämtern (keine Bevorzugung des «Reichtums» und dadurch «Gleichheit» für «den armen Mann») wird bei Euripides akzentuiert (*Hiketiden*, Vers 407 f.); bei Thukydides (2,37) heißt es nach Anführung der Idee der Gleichberechtigung: «An Prestige aber, d. h. wie jeder dabei geachtet wird, so wird er nicht höher geschätzt auf dem Feld der öffentlichen Angelegenheiten aufgrund eines vom Schicksal zugewiesenen Platzes, sondern aufgrund seiner Tüchtigkeit; bzw. umgekehrt wird, was die Armut betrifft, niemand, welcher der Stadt etwas Gutes tun kann, durch die fehlende Zugehörigkeit zu den ‹angesehenen Leuten› gehindert.» Anhand der Frage von Regeln für Äußerungen in der Ekklesie unterstreicht Aischines (1,27), der Gesetzgeber habe «klar festgelegt, wer das Wort an das Volk richten soll und wem es nicht zukomme, in der Volksversammlung zu sprechen. Und er verwehrt nicht dem die Rednertribüne, dessen Vorfahren keine Generäle waren, noch dem, der mittels spezieller Kenntnisse einem Beruf nachgeht und sich so sein täglich Brot verdient. Vielmehr heißt er diese sogar ganz besonders willkommen und stellt deswegen wieder und wieder die Frage: Wer will zu der Versammlung sprechen?» Analog thematisiert Sokrates in Platons *Protagoras* (319d), einer, wie bei diesem Verfasser üblich, in Dialogform gestalteten philosophischen Schrift, die Praxis der Athener bei politischen Debatten folgendermaßen: «Wenn aber über die Verwaltung der Stadt etwas zu beratschlagen ist, so steht jeder auf und beratschlagt mit: in gleicher Weise Zimmermann, Schmied, Schuster, Kaufmann, Schiffseigner; arm wie reich; von hoher und niedriger Herkunft.»

Daß all diese Texte nicht von «den Armen» als Kollektiv sprechen, vielmehr durchgängig von Individuen mit einem bestimmten sozialen (und nun für ihre politische Teilhabe nicht mehr ausschlaggebenden) Hintergrund, steht in einem hinreichend großen Gegensatz zur Praxis einer anderen Gruppe von Quellen, um kein Zufall zu sein. Von der Wortwahl her erschließt sich ein inhaltliches Konzept: Komplementär zum einzelnen als Inhaber von Herrschaft (siehe S. 18), wird der einzelne hier als Träger selbstbestimmter Entscheidungen, die auf eine eigene Meinung gründen, gezeichnet. Zugleich ist der einzige Weg beschritten, auf dem man die gesellschaftliche Einteilung in arm und reich tatsächlich als überwunden erklären kann, während eine Zuschreibung politischer Aktionen an «die Armen» zumindest dahin tendiert, die Demokratie als eine schlichte Umkehrung der Oligarchie erscheinen zu lassen. Sobald man nämlich unterstellt, die Mittellosen wie die Begüterten würden stets als geschlossene Gruppen mit konträren Ansichten agieren, wirkt sich das Prinzip der Gleichwertigkeit jeder Stimme zum Nachteil der «Reichen» aus, die permanent majorisiert werden und nicht de jure, jedoch de facto die Politik nicht länger mitgestalten. Mit dieser Prämisse ist es demnach möglich, die Demokratie der Bevorzugung der «Armen», Benachteiligung der «Reichen» zu zeihen und den bedeutsamen Unterschied, daß sie, anders als die Oligarchie, keinen Ausschluß aufgrund sozialer Kriterien kennt, zu nivellieren. Des weiteren leistet das Modell der These Vorschub, derartige Beschlüsse müßten auch in ihrem Inhalt parteiisch und für die Betuchten bedrohlich sein.

Der Realität kommt das demokratische Ideal der Beteiligung aller um einiges näher als das Feindbild der Klassenherrschaft der Habenichtse. So haben Studien der modernen Forschung zu den für Athen namentlich bekannten politischen Akteuren einen eher überproportional großen denn zu geringen Anteil gutsituierter Männer ergeben. Auch ein in Athen lebender Autor mit oligarchischer Gesinnung (zur Person siehe S. 30) findet dort um 420 bloß wenig Unzufriedene und politisch mangelhaft Integrierte, dafür aber etliche Demokraten unter seinen Standesgenossen, denen er, anders als den «Gemeinen», diese Haltung heftig verübelt. Die von der antiken Demokratiekritik angeprangerte Ausbeutung der Begüterten ist gleichfalls nicht feststellbar. Zwar wurden nur sie zu finanziellen Leistungen für die Gemeinschaft herangezogen, dabei aber weder unsinnige Forderungen gestellt noch willkürlich verfahren. Wer nachweisen konnte, bereits häufiger als ein anderer belastet worden zu sein, wurde dispensiert. Ebenso sollten Vermögensunterschiede berücksichtigt und stets zunächst der jeweils Reichste verpflichtet werden. Dennoch bestehende Ängste scheinen zeitweise durch jenen Eid beschwichtigt worden zu sein, den jährlich die zu Mitgliedern der Gerichte gelosten 6000 athenischen Bürger schworen. Im Kanon von Grundregeln, welcher mit dem Gebot der Verfassungstreue eröffnet wird, findet sich nicht zuletzt die Aufforderung, für die Stabilität privater Besitzverhältnisse einzutreten und weder nach Gutdünken Schulden zu tilgen noch Häuser und Land in der Heimat neu zu verteilen.

Gewiß weniger günstig stellt sich die Bilanz jener Staaten dar, in denen die Demokratie aus einem Umsturz hervorging. Konfiskationen konnten dabei leicht Wirklichkeit werden. Selbst hier jedoch dürfte in der Regel nicht die Gesamtheit der vom vorigen Regime Begünstigten getötet, vertrieben oder entrechtet worden sein. Bei einem keineswegs freundlichen Portrait der Demokratie verallgemeinert Platon (*politeia* 557a) denn auch, sie entstünde, «wenn die Armen den Sieg davontragen, dann von den anderen manche töten, manche vertreiben, die übrigen aber gleichberechtigt als Bürger und Amtsinhaber beteiligen.» Am Ende erfolgt demnach erneut eine Überwindung der Fronten. Eine solche schied für Oligarchien ihrer Natur gemäß aus, wenngleich nicht sämtliche so geordnete Staaten, wie Aristote-

les es bei einigen beklagt, so weit gingen, die Schädigung des
«Volkes» zum politischen Programm zu erheben und ihren Mitgliedern den Eid abzuverlangen: «Und dem Volk werde ich übel
gesonnen sein und zu seinem Schaden raten, was ich kann.»
(*pol.* 1310a 9 f.)

Um heute nachzuvollziehen, weshalb die Gleichstellung eines
Armen mit einem Reichen derart Furore machte, bedarf das Bild
der einfachen Leute im antidemokratischen Schrifttum noch ge-
nauerer Betrachtung. In nachgerade exemplarischer Form und
aller Schärfe tritt es uns in einem Text *Vom Staate der Athener*
(*Athenaíon politeía*) entgegen, der in einer Sammlung der Werke
Xenophons überliefert wurde, jedoch sicher nicht von diesem
Autor stammt. Die Forschung bezeichnet den für uns deshalb
namenlosen Verfasser nach seinen politischen Ansichten oft als
«Alten Oligarchen» (oder zitiert ihn als «Pseudo-Xenophon»).
Sein oben bereits kurz erwähntes Pamphlet beschreibt Athens
Demokratie (unter Hervorhebung der Elemente der Auslosung
zu Ämtern, der Diäten, der Antrags- und Diskussionsmöglich-
keit für «jeden, der will», und der Freiheit als politischer Selbstbestimmung des Volkes) als «schlechte Ordnung» (*kakonomía*),
freilich eher resignativ als stabil. Als «gute Ordnung» (*eunomía*)
präsentiert wird ein System der «Knechtschaft/Versklavung»
(*douleía*) des Volkes, das darin nicht an der politischen Debatte
teilhat, ja überhaupt nicht mehr zu Versammlungen einberufen
wird, was einer Herrschaft der «Brauchbaren» (*chréstoi*) über
die «Untauglichen» (*poneroí*) entspräche. Mit den letztgenannten Vokabeln, dem am häufigsten benutzten Gegensatzpaar der
hier näher zu analysierenden Paragraphen 1,1–1,9, ist zugleich
das Motiv von «arm» und «reich» eingeführt. *Ponerós*, abwer-
tend auch bei ästhetischen oder moralischen Defekten («häß-
lich», «böse») zu verwenden, heißt neutral zunächst nämlich
«Arbeit/Mühe/Not habend». Als Synonym kommt dem «Alten
Oligarchen» daher ein Wort wie *pénes* (sein täglich Brot erarbei-
tend, arm, dürftig) in den Sinn, während er die Antithese mit
*ploúsios* (wohlhabend, begütert, reich) verbindet. Wie schon
in «untauglich» versus «brauchbar» anklingt, wird nach der
Finanzkraft freilich ein umfassendes Urteil über die Qualität

eines Menschen gefällt. Die «Reichen» erscheinen als «Beste», «Vorzüglichste, Tüchtigste», als «Edle», «Geschickteste und geistig Gewandteste», sie besitzen Eigenschaften, die eine Person wertvoll machen, Lebensklugheit und gesunden Menschenverstand samt höherer Erkenntnisse und löblichen Eifer sowie ein Höchstmaß an Disziplin. Umfassender «Mangel» an letzterer wie nahezu allem als positiv Deklariertem (Ordnung, Subordination, Bildung, Selbstbeherrschung, Ehrgefühl) steht auf Seiten der «Armen», der «Schlechteren», die da sind: «Die Leute aus dem Volk».

Völlig analog beherrschen Zügellosigkeit, Unverstand und mangels Schulung fehlender Sinn für Schönes und Schickliches als Kritikpunkte die Rede des Demokratiegegners und Oligarchiefreundes in der von Herodot in sein Geschichtswerk eingelegten Verfassungsdebatte (3,81). Zahlreiche andere Texte haben ganz ähnliche Muster, illustrieren aber außerdem, wie solche Urteile meist in eher schlichten Schlußfolgerungen zustande kommen: Wer wenig habe, sei billigst zu kaufen; durch Arbeit werde man teils physisch (verkrümmt sitzende Handwerker), teils psychisch (betrügerische Kaufleute) deformiert; wer sich um Lohn verdinge, sei nicht länger frei und daher einem Sklaven gleich; die Arbeit okkupiere Zeit, welche andere einem Training ihres Körpers und ihres Geistes widmeten, für das sie bereits als Kinder bessere Voraussetzungen gehabt hätten. Dank des Reichtums ihrer Eltern habe ihre Ausbildung nämlich bei den teuersten Lehrern stattgefunden, während die der Armen von schlechterer Qualität, kürzer und eher berufsorientiert gewesen sei.

Mit den griechischen Oligarchen sind keineswegs alle diese Argumente verschwunden. Einige Züge aber erweisen sich als ausnehmend zeitspezifisch. Das gilt eingeschränkt schon für die besondere Problematisierung nichtselbständiger Arbeit, manchmal jedweder Erwerbstätigkeit, wohingegen Bauern von Attacken weitgehend verschont bleiben. Es gilt noch mehr für das Bildungsideal des *káloskagathós*, des «schönen und guten» Menschen, und für die konkreten Bildungsgüter. Deren Spur führt bis in die Welt des frühgriechischen Adels zurück, wo das

Epos etwa die Beherrschung sportlicher Techniken (gleichermaßen leicht- wie schwerathletischer) als einen probaten Test darstellt, um die Zugehörigkeit zu den «edlen Männern» evident zu
machen und jemanden vom schändlichen Verdacht, ein auf Ge-
winn erpichter Krämer und Überseehändler zu sein, zu befreien
(*Odyssee* 8,159 ff.). Als würdiger Zeitvertreib ließ sich nicht
weniger das Symposion, anfangs ganz diesem Milieu zugehörig,
ansehen, dessen Teilnehmer erneut etlicher Kenntnisse bedurften. So wurde bei solchen Trinkgelagen reihum zu Tanzdarbie-
tungen, dem Vortrag von Gedichten, die jeder selbst auf einem
Instrument begleitete, später Stegreifreden aufgerufen. Wesentlich ist das hier intendierte und ästimierte Wissen davon gekennzeichnet, daß es die Gruppenzugehörigkeit festigt und bei allen
Gruppenmitgliedern in relativ gleichem Maß vorhanden ist. Dagegen wird Einseitigkeit, Spezialisierung, damit aber auch die
Entwicklung persönlicher Talente, zusammen mit der Möglichkeit, sie beruflich zu nutzen, scharf abgelehnt. Daß es nicht nur
ungelernte Arbeiter sind, die diesem Anspruch nicht genügen,
ist offenkundig, ebenso, daß die Formel von Heterogenität versus Homogenität mehr leistet, als den Unterschied zu erfassen,
der zwischen Demokratie und Oligarchie in Bezug auf die Vermögensverhältnisse ihrer Bürgerschaften besteht. Eine Verbindung zum Gleichheitsbegriff der beiden Systeme wird in Kürze
(S. 46) aufzuzeigen sein.

Vorher aber gibt ein Rückblick auf die Texte für und gegen
das «Volk» der Demokratie deren Namen noch einmal präzisere
Kontur. Genau die skizzierten Positionen kehren nämlich im
Umgang von Autoren verschiedener politischer Couleur mit
dem Verfassungsbegriff selbst wieder. Sie machen zugleich verständlich, weshalb ein und dasselbe Wort, die Rede von der
«Volksmacht», für die Feinde des Systems eine Schmähung, für
seine Freunde dagegen eine akzeptable Charakterisierung ihrer
Ziele zu sein vermochte. In beiden Fällen behielt *«démos»* eine
seit langem etablierte gedankliche Verbindung zum «einfachen,
gewöhnlichen, gemeinen Volk», der Antithese der Wohlgeborenen (*eugeneís*) und Wohlsituierten. Demokraten freilich bekannten sich solchermaßen zu einer Ordnung, die zwingend

vorsah, daß das Staatsvolk, die Bürgerschaft, das Volk im sozialen Sinn von Nichtadeligen, Nichtreichen einschloß, während Gegner die Formel als Ausdruck der behaupteten faktischen Alleinherrschaft der «Untauglichen» nahmen. Eine Konsequenz aus dieser Konstellation ist, daß sich nach Wahrscheinlichkeitsüberlegungen (auf sie ist die Moderne mangels Quellen in dieser Frage angewiesen) kaum entscheiden läßt, welchem Milieu man die Erfindung des Terminus «Demokratie» zuschreiben soll. Zumindest von einigen Forschern wird er in seinem Ursprung tatsächlich als ein Schimpfwort eingestuft. In jedem Fall bestand die Möglichkeit zu einer derartigen Interpretation und sorgte dafür, daß die Kritiker klassischer Zeit zur Artikulation ihrer Verachtung so gut wie nie auf alternative Vokabeln ausweichen und «Ochlokratie» («Macht der Masse/des Pöbels») erst zum Sprachschatz hellenistischer Theoretiker gehört. Ebenso aber war für die Griechen schon in der Benennung jener Bezug zu den geschmähten und andernorts ausgegrenzten einfachen Leuten verankert, der für die antike «Volksmacht» in Theorie und Praxis noch erhebliche Auswirkungen haben sollte. Kein geringfügiges Beispiel dafür ist der demokratische Gleichheitsbegriff.

## 2. Die Gleichheit

Daß Gleichheit mit Demokratie zu tun hat, ist eine gewiß konsensfähige Aussage – und eine ebenso inhaltsleere. Könnte der Sachverhalt im ersten Moment noch offenkundig, weitere Erörterung daher überflüssig erscheinen, so zeigt gerade das antike Griechenland, daß eine Konkretisierung sowohl wünschenswert wie möglich ist und nicht weniger eine genauere Bestimmung des Verhältnisses der beiden Konzepte betrifft denn eine prägnantere Fassung jener «Gleichheit», die uns in demokratischem wie nichtdemokratischem Kontext, dann jedoch in einer jeweils eigenen Form begegnet.

Im Unterschied zur Demokratie ist sie eine alte Idee und lange vor dem 5. Jh. bei politischen wie sozialen Anliegen wirksam. In der Epoche der sogenannten Archaik (8.–6. Jh.) taucht sie außer in Gestalt der Forderung nach politischer Gleichberechtigung vor allem in der Vorstellung von Besitz-, exakter: Landbesitz-gleichheit auf. Daß letzterer Aspekt im 5. Jh. bereits zurückge-treten, obschon nicht völlig verschwunden ist und nicht in den demokratischen Gleichheitsbegriff eingeht, ist von der Alter-tumskunde häufig und zurecht konstatiert, freilich manchmal voreilig zu der Behauptung verallgemeinert worden, der demo-kratischen Gleichheit habe jedwede soziale Komponente ge-fehlt.

Als typisch für die Archaik kann das Postulat gleicher Betei-ligung am Ackerboden in doppelter Hinsicht genommen wer-den, spiegelt es doch zeitspezifische Probleme wie zeitspezifische Denkstrukturen. Charakteristisch ist zum ersten die anfängliche Fixierung auf das Bauerngut, zu dem nur allmählich Alterna-tiven entwickelt werden, für die Gesamtheit durch den Import von Lebensmitteln, für den einzelnen durch am Heimatort hin-reichend nachgefragte Erzeugnisse oder Dienstleistungen ande-rer Berufe. In klassischer Zeit ernährt Athen, trotz eines unge-wöhnlich großen Territoriums (vgl. S. 74), seine Bevölkerung hauptsächlich mit Getreide, das aus dem Schwarzmeergebiet, daneben Ägypten, Sizilien, Unteritalien, Thrakien und damit aus Regionen stammt, die sich den Griechen erst im Verlauf der Archaik erschließen. Wenngleich Kleinbauernstellen nach wie vor zahlreich sind (neben diesen nur den Eigenbedarf deckenden Betrieben auf dem Agrarsektor zusätzlich exportorientierte Unternehmen mit Olivenölproduktion und Obst-, Gemüse-, Weinbau für den Konsum der Stadt), veranschlagen eher vor-sichtige Schätzungen der modernen Forschung den Anteil der Athener ohne Land für das 4. Jh. bei immerhin knapp einem Drittel der männlichen Bürgerschaft. Ihr Auskommen finden sie nun in einer reichen Palette von Tätigkeiten, die verschieden-artige Quellen für uns dokumentieren. So läßt, um bloß ein Bei-spiel zu geben, Xenophon den Sokrates, der selbst wie sein Vater von Haus aus Steinmetz war, die Menge in der Volksversamm-lung außer als «Bauern» als «Walker, Schuster, Zimmermänner, Schneider, Kaufleute und Markthändler» wahrnehmen (*Memo-rabilien* 3,7,6).

Für die Archaik freilich, wo der Beginn einer Krise mit regionalen Schwankungen im 8. bis zum späten 7. Jh., letzteres im weiträumigen Attika, auszumachen ist, barg es ein hohes Konfliktpotential, daß einer steigenden Zahl von Menschen kein freies Land mehr zur Verfügung stand. Speziell davon betroffen waren die Inhaber kleinerer Höfe. Da stets paritätisch unter den männlichen Nachkommen geteilt wurde (die Erbansprüche von Mädchen sah man durch die Mitgift abgegolten), vermochten die schrumpfenden Parzellen die Familien oft nicht mehr zu ernähren. Mancherorts, so wohl auf der Insel Thera, war die Überbevölkerung ein objektiver Tatbestand; häufig jedoch rief die Konzentration von Landbesitz in den Händen von wenigen die Knappheit hervor. Ein besonders eindrückliches Exempel einer solchen Konstellation wie ihrer Folgen liefert die Gemeinde Mégara. Aufschlußreich ist nicht allein, daß das Volk in der Hoffnung auf Besserung seiner Situation einen Adeligen namens Theagénes um 640 bei der Errichtung einer Alleinherrschaft («Tyrannis») unterstützt. Der Hinweis auf die Viehherden der Wohlhabenden, die bei diesem Putsch abgeschlachtet werden, enthüllt neben der Intensität des Grolls auch dessen Grund, als welchen man die extensive Nutzung des kostbaren Ackerbodens vermuten kann.

Für Athen ist Ende des 7. Jh. eine Verschuldung ärmerer Leute, verbunden mit dem Risiko der Versklavung bei Zahlungsunfähigkeit, klar erkennbar, während zu deren Ursachen (ein Pachtsystem zu ungünstigen Bedingungen? Belastung des Eigenbesitzes mit schweren Hypotheken?) verschiedene Deutungen zu erwägen sind. Sicher ist, daß Solon, von den Athenern 594/93 oder etwas später zum «Schiedsrichter/Vermittler» bestellt, sowohl den Zugriff auf die Person des Schuldners verbietet als auch strukturelle Reformen durchführt. Eine «Neuverteilung des Landes» lehnt er dagegen ab. Daß bei dieser im archaischen Griechenland weitverbreiteten Forderung an einheitlich große Ausgangsparzellen gedacht war, wäre sogar dann zu erschließen, wenn Aristoteles uns nicht ein paar Verse eines Programmgedichts Solons überliefert hätte, in welchem dieser sich gegen das Ansinnen verwahrt, «Edle» und «Schlechte» sollten «gleichen Anteil» (*isomoiría*) an der fruchtbaren Erde der Heimat haben (*Athenaíon politeía* 12,3). Langfristig hat sich seine Politik bewährt; kurzfristig enttäuschte sie genügend Menschen, um den Versuch zur Errichtung einer Tyrannis, an welchem der Schwiegersohn des Theagénes um 630 noch gescheitert war, für Peisistratos 561 zum Erfolg werden zu lassen.

So offenkundig der Wunsch nach «gleichem Anteil» eine Wurzel in der prekären ökonomischen Lage breiter Kreise während der Archaik hat, so wenig fehlt dem Slogan selbst wie der Krise im allgemeinen eine politische Dimension. In einer Epoche, welche die Mitwirkung auf diesem Feld ganz an soziale Vorgaben (Adel, Reichtum) band oder zumindest nach solchen staffelte, lag es zweifelsohne nahe, die Idee der politischen Gleichberechtigung mit der Idee der Landbesitzgleichheit zu kombinieren. Am Staat zu partizipieren, war zunächst denn auch keineswegs rein metaphorisch gemeint, was noch in der klassischen Zeit darin nachwirkt, daß Fremden der Erwerb von Boden üblicherweise verwehrt ist.

Realisiert findet sich der Doppelpack von konkret wie abstrakt «gleichem Anteil» bei den Erstsiedlern jener Städte, die im Zuge der «großen griechischen Kolonisation» (ca. 750–ca. 550) gegründet wurden. Letztere steht ihrerseits erneut mit sozialen und politischen Konflikten in Zusammenhang. Die einen wie die anderen schufen bei nicht wenigen Menschen nämlich die Bereitschaft, einem Geburtsort den Rücken zu kehren, an dem sie für sich gar keine oder keine verlockende Lebensperspektive sahen. Auf solche Neigungen einzugehen und privaten Unternehmungen öffentliche Aktionen an die Seite zu stellen, mußten die Regierungen besonders früh oder stark von Aufruhr betroffener Gebiete (der Nachzügler Athen hat an der Kolonisation der Archaik nicht teilgenommen) äußerst geneigt sein. Einen Teil der Bevölkerung nach Übersee zu entsenden und dort zu Bürgern eines völlig selbständigen neuen Gemeinwesens, aus Bewohnern Korinths beispielsweise zu Syrakusanern zu machen, konnte leicht als probates Mittel erscheinen, um Unruhen in der Heimat vorzubeugen oder zu begegnen, und dies unabhängig davon, ob existentielle Not oder/und Unzufriedenheit mit den Herrschaftsverhältnissen Spannungen erzeug-

dessen Gleichheit, der alten diametral entgegengesetzt, dezidiert eine Gleichheit von Ungleichen war.

Obschon die Paradoxie nicht das einzige und letzte Wort der Demokratie zur Sache des *íson* = des «Gleichen», der *isótes* = der «Gleichheit» darstellte, so doch ein wichtiges. Neben speziellen Begriffsinhalten (dazu S. 43) kann man daran, daß Gleichheit im staatlichen Leben mit Ungleichheit des Sozialstatus kombiniert wird, eine Veränderung der Relation von Politik und Gesellschaft ablesen. Nicht länger von gesellschaftlichen Vorgaben dominiert, beginnt sich die politische Sphäre als ein Bereich mit eigenen Regeln zu emanzipieren, was einen nächsten Schritt erst ermöglicht: Jene Ausstrahlung der Demokratie, d. h. zunächst einer Regierungsform, auf Gesellschaft und zwischenmenschlichen Alltag, wie sie uns in Kapitel III weiter beschäftigen wird.

Die Verselbständigung der Politik zusammen mit der Tatsache, daß «Haus» (*oíkos*) und «Staat» (*pólis*), «Persönliches» (*ídia*) und «Allgemeines» (*koiná*) dadurch stärker getrennt werden, läßt sich gut am Beispiel der Umgestaltung männlicher Handlungsethik und der Quellen männlichen Prestiges aufzeigen. So ist es nur konsequent, daß in einer Gruppe, die ihren Herrschaftsanspruch auf Adel und Reichtum begründet, Faktoren wie glanzvolle Heiratsverbindungen und standesgemäße Vermögensverhältnisse samt zugehörigem Lebensstil Ansehen verschaffen, während für die Demokratie politisches Engagement das typische Objekt öffentlicher Wertschätzung wird. Daß jemand fähig sei, die Angelegenheiten der Polis zu betreiben, hält Platon eindeutig für die erste Assoziation, die einem Athener auf die Frage, was Vorzüglichkeit ausmache, im späten 5./frühen 4. Jh. in den Sinn schießt (*Menon* 71e). Eine zweite Entwicklung ist zu diesem Zeitpunkt dagegen noch nicht völlig abgeschlossen. Sie betrifft die Ausbildung spezieller Verhaltensnormen für denjenigen, der sich derart betätigt. In Gang gebracht wird sie von der Erkenntnis, daß sich die Angelegenheiten der demokratischen Polis so klar von den rein persönlichen, «eigenen» unterscheiden, daß Platon im *Laches* (179d/180b) sie nachgerade als deren Antithese und «die der

anderen» etikettiert. «Richtiges Verhalten» (Plutarch, *Moralia*
806e, s. u.) muß demnach nicht in beiden Zonen dasselbe sein,
auch wenn Menon dies noch zu ignorieren vermag und von seinem Muster-Mann erwartet, er werde bei seinen politischen Ak-
tivitäten den Forderungen der Privatethik nebenher gleich mit
Genüge tun, indem er Freunden ihre Liebesdienste, Feinden deren Angriffe adäquat vergelte. Geendet hat der Prozeß tatsächlich bei etwas vermeintlich so Einfachem wie der Idee, politische
Debatten und Handlungen zielten darauf, «das Beste für die Polis» zu ermitteln und durchzuführen (so z. B. durchgängig in Demosthenes' Reden, 2. Hälfte 4. Jh.). Objektivität ist damit
immerhin Programm und zumindest bei der Amtsführung einzelner Funktionsträger durch genaue Kontrollen gewährleistet.
Demgegenüber gehört die Protektion von Freunden unter Nutzung einer öffentlichen Stellung zu den Gepflogenheiten, die
noch im frühen 5. Jh. von athenischen Adeligen eher offensiv
vertreten werden. Gruppen von «Gefährten», sogenannte Hetairien, deren Mitglieder sich untereinander beim Ringen um
Posten und Einfluß unterstützen, passen nicht weniger in diese
Ausgangssituation wie die Akzeptanz, auf welche Motive wie
Familienehre oder Treue gegen Freund und Feind selbst dann
stoßen, wenn die Gemeinschaft davon mitbetroffen ist. Nicht
nur zeitlich zwischen den zwei Polen angesiedelt ist eine Szene,
die sich Ende der 30er Jahre des 5. Jh. ereignet und mit einem
Mann verbunden ist, der bis zu seinem Tod (gefallen 422) als
General wie Redner in der Volksversammlung erfolgreich war.
Trotz mancher Verzerrung in den späten Quellen steht die
Authentizität des Geschehens dank zeitgenössischer Anspielungen außer Frage. Seinen sämtlichen Freunden kündigt Kléon
mit großer Geste offiziell die Freundschaft auf, als er sich ent-
schließt, politisch tätig zu werden (Plutarch, *Moralia* 806e),
davon überzeugt, «niemand könne das allgemeine Beste anstreben und zugleich seine Freundespflichten erfüllen» (*Gnomo-
logium Vaticanum* 285, Übersetzung A. Demandt). Mit all
ihrer Gewaltsamkeit bietet die Aktion das wohl perfekte Abbild
eines Augenblicks, in welchem Altes und Neues aufeinander-
prallen und einen Konflikt von privat und politisch entstehen

lassen, der nur wie der gordische Knoten, also radikal zu lösen ist.

Daß eine solche Geschichte für einen antiken Menschen eine typisch demokratische war, kann die fälschliche Zuschreibung der Tat an Ephiáltes, den «Vater» der Demokratie, wie sie der eine Strang der Überlieferung kennt, gut verdeutlichen. Jede historische Analyse wird heute freilich auf das Faktum, daß es realiter um Kléon, nicht Ephiáltes ging, größten Wert legen und dies nicht aus Detailversessenheit. Gerade gegenüber dem Status der Demokratie ab ca. 430 tritt nämlich klar hervor, daß in deren Entstehungs- und Anfangsphase durch die Etablierung neuer politischer Vorgehensweisen und Zuständigkeiten die tieferreichenden Denk- und Herrschaftsstrukturen keineswegs sofort soweit gewandelt wurden, um Elementen der früheren Ordnung schlagartig jede Wirkung zu nehmen. Daß die Macht der alten Führungsschicht eine Komponente, die Dimension von Familienruhm, Bekanntheit, Netzwerken, finanziellen Mitteln aufwies, die schwerer anzugreifen war als ihr Monopol auf politische Posten, zumal sie in einer Volksversammlung nicht automatisch ihren Nutzen verlor, hat dazu gewiß beigetragen. Des weiteren erschwerte es die Ablösung, daß Teile des athenischen Adels reformbereit waren, selbst Reformen initiierten oder sich zumindest den veränderten Spielregeln anpaßten. So dürfte es keine Verzerrung durch die Berichterstatter sein, daß manche innere Auseinandersetzungen der jungen Demokratie genau wie die des späten 6. Jh. als Wettstreit zweier Hetairien erscheinen. Bei Wahlämtern (S. 73) und Anträgen reüssieren Adelige zunächst in auffälligem Ausmaß, während, darin für die Zukunft repräsentativ, Kléon als eine der ersten prominenten Gestalten nicht mehr zu diesem Kreis gehört.

Als eine Reaktion auf das Problem findet sich das Losverfahren, das für die meisten Ämter jene Faktoren neutralisiert, die der Gleichheit entgegenstehen. In derselben Weise lassen sich aber wahrscheinlich auch zwei weitere Maßnahmen interpretieren, die viele verschiedene Forschungsthesen hervorgerufen haben. Die eine, das Verbot, Grabmonumente zu errichten, verhindert die öffentliche Traditionspflege eines Geschlechts samt

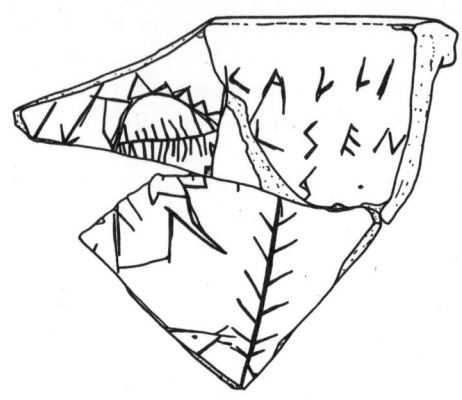

*Abb. 2: Ostrakon (eines von 278 Exemplaren) mit dem Namen und (als Besonderheit) dem eingeritzten ‹Portrait› des Kallíxenos, Sohn des Aristónymos, wahrscheinlich auf die Abstimmung 483/82 zu datieren. Von anderen Scherben wird er der Adelsfamilie der Alkmaioniden zugeordnet, was seine Identifizierung als Neffen des Kleisthenes (S. 74) möglich macht. Das gezackte Gebilde auf dem im Profil gezeichneten bärtigen Kopf ist wohl als Hahnenkamm zu deuten. Während Brenne (Ostrakismos, S. 186 ff.) dies als Vorwurf der «Perserfreundschaft» versteht, da der Hahn als «Perservogel» galt, könnte m. E. auch dünkelhafte Überheblichkeit gemeint sein: So wird Hybris bei Kónon damit verbunden, daß er das Flügelschlagen des Siegers beim Hahnenkampf nachahmt, um den von seinen Zechkumpanen zusammengeschlagenen Aríston zu verhöhnen (S. 89).*

der subtilen Demonstration von Reichtum. Die andere, der Ostrakismós, ermöglicht ein Vorgehen gegen Leute, die «ihres Geldes und ihrer Freunde» wegen (Aristoteles *pol.* 1284a 20 f.) als Gefahr für die Demokratie angesehen werden. Beide Anfang des 5. Jh. entstanden (der erste Ostrakismós ist 487/86 bezeugt), erfuhren beide etliche Jahrzehnte starke Beachtung, ehe an beiden jegliches Interesse erlischt, auffälligerweise erneut nahezu zeitgleich und nach 430. Zwar wird die Bürgerschaft auch im 4. Jh. noch Jahr für Jahr gefragt, «ob man einen Ostrakismós durchführen wolle oder nicht» (Aristoteles, *Athenaíon politeía* 43,5). Sie hat diese Frage allerdings letztmals 417 bejaht und damit einen zweiten Abstimmungsgang eingeleitet. Bei ihm benannte nun jeder der Anwesenden denjenigen, den er für bedrohlich hielt, auf einem jener Stücke zerbrochenen Tongeschirrs (*óstra-kon*, Mehrzahl: *óstraka*), die als Stimmzettel dienten und dem Geschehen seine Bezeichnung verschafften. Als eine relevante Entscheidung galt es, wenn jemand nicht nur am häufigsten, sondern mindestens von einer bestimmten Anzahl seiner Mitbürger (die Überlieferung schwankt zwischen 6000 abgegebenen Stimmen und 6000 Stimmen für eine Person) angeführt wurde. Er hatte in diesem Fall Athen zu verlassen und der Stadt 10 Jahre fernzubleiben, ohne jedoch sein Vermögen zu verlieren oder mit dem Makel einer Verurteilung zum Exil, wie man sie für einige Verbrechen kannte, behaftet zu sein. Tatsächlich ist der Ostrakismós keine juristische, sondern eine politische Maßnahme, die deutsche Umschreibung mit «Scherbengericht» daher recht unglücklich. Fast elftausend Ostraka, unter ihnen rund neuntausend wohl aus der Abstimmung von 471, wurden bislang gefunden und jüngst von Stefan Brenne mit großer Sorgfalt ausgewertet. Dabei ließ sich anhand der Namen die faktische Konzentration auf einen Kreis, der «gesellschaftlich definiert, vielleicht sogar auf den Geburtsadel eingeschränkt war» (S. 410), erhärten.

So wenig die alte Führungsschicht auf Dauer ein Problem darstellte, so sehr behielt eine Erkenntnis unabhängig davon ihre Gültigkeit. Denn nicht bloß gegenüber den Wohlgeborenen mußte eine Gleichheit der Ungleichen bedeuten, daß es erforderlich war, für die Gleichheit der Schwachen Sorge zu tragen. «Daß es nicht gerecht ist, daß die Starken die Schwachen beherrschen»: Mit diesen Worten formuliert Isokrates eine typische Maxime der Demokratie (8,69), die in einem platonischen Dialog wiederkehrt (*Gorgias* ab 483b) und hier als Konsequenz der Gleichheit, einer angeblichen Verschwörung der «Schwachen», von Kallikles heftigst attackiert wird. Den «Schwachen» zugute kamen neben der Auslosung die Entlohnung für politische Tätigkeit, aber auch, zumindest in Athen nachweisbar, einige Sozialmaßnahmen wie Zahlungen an Bedürftige, die aufgrund einer körperlichen Behinderung arbeitsunfähig waren und «vom Volk zwei Obolen täglich zum Lebensunterhalt» bezogen (Aristoteles, *Athenaíon politeía* 49,4; einem solchen Fall

ist die 24. Rede des Lysias gewidmet). Daß vom Beginn des 4. Jh.
an jene sechstausend Bürger, die als erste in der Volksversammlung eintrafen, einen Betrag von drei Obolen (später sechs, bei
der Hauptversammlung eines Jahreszehntels neun) erhielten,
könnte außer als Vollendung des Diätenkonzepts als Versuch
einer Abfederung von Härten gesehen werden, welche die Niederlage Athens und seiner Bundesgenossen im Peloponnesischen
Krieg (430–404) vor allem für die Ärmeren mit sich brachte, indem Verdienstmöglichkeiten bei der Flotte und der Verwaltung
des Seebundes entfielen. In ähnlicher Weise scheint sich das
sogenannte Theorikón, eine Kasse, die zunächst für die Rück-
erstattung von Theatereintrittsgeldern eingerichtet wurde, Mitte des 4. Jh. zu einem allgemeinen Unterstützungsfond erweitert
zu haben.

Soziale Belange hat die antike Demokratie demnach nicht
ignoriert, dabei allerdings nicht Besitzgleichheit, sondern den
gleichen Anspruch auf Existenzsicherung zugrundegelegt, wie er
sich unschwer aus der Sorge um die Gleichheit der Schwachen
entwickeln und mit ihr verbinden ließ. Eher Ausgleich als Angleichung: Den Sachverhalt so zu formulieren, könnte man deshalb geneigt sein, weil damit bereits der zweite Effekt angedeu-
tet wird, den die Gleichheit der Ungleichen hat. Dank dieser
Kombination war es möglich, «persönliche Unterschiede» (s. u.)
anders und positiver wahrzunehmen denn als Hindernis für
Gleichberechtigung oder einen Störfaktor, den es zu beseitigen
galt. Der Gleichheit der griechischen Demokratie gab sie einen
relativ guten Schutz gegenüber allen Tendenzen der Vereinheit-
lichung und Gleichschaltung. Dies leistete das Prinzip wohl-
gemerkt aus sich selbst heraus und nicht erst zusammen mit
Gedanken wie dem «Nichtbeherrschtwerden» (S. 24) oder der
«Freiheit zu leben, wie man will» (S. 54), die daher auch bloß
verstärkend und nicht korrigierend wirkten.

Fern aller Uniformität ist es nachgerade «Buntheit», die Platon mit der Demokratie assoziiert (politeia 557c/558c). Die
«persönlichen Unterschiede», die sich möglicherweise explizit
in einer sprachlich allerdings schwierigen Passage des Thukydides finden (2,37), haben als Kurzformel den Vorteil, daß sie

sowohl «individuelle Eigenarten» an Temperament und Talent als auch, stärker sozial gedacht, «Abweichungen im Privatbereich», also bei Faktoren wie Vermögen oder Herkunft umfassen und damit den verschiedenen Akzentsetzungen der Quellen gerecht werden. Sie führen auch zu der interessanten Variante einer Metaphorik, die der Moderne aus der Französischen Revolution vertraut ist. In Athen ist freilich nicht «fraternité», die Gemeinsamkeiten unterstreichende «Brüderlichkeit» das Symbol einer idealen demokratischen Haltung. Wo Verwandtschaftsgrade herangezogen werden, erscheint vielmehr eine Familie, in der mindestens zwei «nicht identische» Altersstufen, ein Vater und seine erwachsenen Söhne, unter einem Dach leben. Daß es hier «zwangsläufig viele und keineswegs einander ähnliche Wünsche» gäbe, wird ebenso hervorgehoben wie die Gleichberechtigung der Beteiligten, die grundsätzlich in gleichem Maße befugt sind, ihre Vorstellungen zu verwirklichen (Rede gegen Aristogeiton 1,87 ff.; zu diesem Text siehe S. 82–84).

Aufregung hat die demokratische Gleichheit schon damals reichlich verursacht, ganz besonders, da das Konkurrenzmodell der Gleichheit der Gleichen nicht aus der Welt, sondern wesentlicher Bestandteil oligarchischen Denkens und zudem auf den ersten Blick von frappanter Logik war. Daß es weit über das Altertum hinaus wenig von seiner suggestiven Kraft verloren hat, lehrt sogar eine flüchtige Durchsicht von politischen Traktaten der Neuzeit. Umso mehr könnte es sich lohnen, den antiken Streit in Grundzügen zu rekapitulieren.

Dessen Eigenart haben die Zeitgenossen klar erkannt. Verhandelt wird allenfalls am Rande die Frage, ob es in einem Staat Gleichheit geben solle (vgl. dagegen für die Freiheit S. 52). Vielmehr geht es um die beiden alternativen Konzepte, um das «Paar der zwei Gleichheiten» (Platon, *nomoi* 757b; Isokrates 7,21 u. a.), die vorstellbar sind und zum einen von den Demokraten, Demokratiekritikern und Oligarchen, so sie sich auf Argumente einlassen, zum anderen vertreten werden. Im Sprachlichen findet die Debatte darin ihren Niederschlag, daß zwei Adjektive (*hómoios – ísos*), die bislang ohne klare Unterscheidung für die ihrerseits noch nicht weiter differenzierte «Gleichheit» benutzt wurden, nun manchmal dazu dienen, «Gleichartig-keit»/«Gleichförmigkeit» (*hómoios*) von der Gleichheit ohne dieses Merkmal (*ísos*) abzugrenzen. Die politische Philosophie arbeitet überwiegend mit Zusätzen, die *íson/isótes* spezifizieren. Kontrastiert wird die demokratische «Gleichheit nach Quantität», die «arithmetische» (*kat'arithmón* = nach Zahl: Aristoteles *pol.* 1317b 4/1318a 5; Platon, *nomoi* 757b) mit der «Gleichheit nach Qualität», der «geometrischen», proportionalen (*kat' axían: pol.* 1307a 26/1317b 4; *kat'analogían: pol.* 1301a 28; *geometriké*: Platon, *Gorgias* 508a), die bei Platon deshalb zusätzlich «die naturgemäße» heißt, weil sie «jedem das Seine», «das, was seiner Natur angemessen ist», gewähre (*nomoi* 757c; Isokrates 7,21).

Wenn der hier implizit anklingende Vorwurf der «Widernatürlichkeit» der Demokratie andernorts mit Hilfe von Tiervergleichen zu Bildern und Szenen ausgeformt wird, so haben diese mit den Chiffren aus dem Bereich der Mathematik ein erhebliches Erkenntnispotential gemeinsam. Denn obwohl die Metaphern von ihren Erfindern meist nicht unparteiisch gebraucht werden, enthalten sie oft hinreichend treffende Beobachtungen, um die Positionen beider Seiten einprägsam zu symbolisieren. So steckt hinter der Rede von «arithmetisch» versus «geometrisch» die Vorstellung, die Demokratie ließe sich von Vielgestaltigkeit, den Unterschieden zwischen Dreiecken, Kreisen, Quadraten, Rauten, Trapezen usw. nicht hindern, jede «Figur» gleich zu behandeln und sie als je ein Stück zu verrechnen. Eine Einteilung nach Gruppen ist dagegen für andere Ordnungen von entscheidender Wichtigkeit und Gleichheit immer nur sortenspezifisch, also innerhalb der Kreise, nicht jedoch von Kreis zu Dreieck denkbar. Vom Formenreichtum zur Artenvielfalt variiert wird die Umschreibung derselben demokratischen Eigenschaft, sobald man die Tierwelt bemüht. In der Gleichheit von Hasen und Löwen mag man zudem die Sorge um die Gleichheit der Schwachen wiederfinden, während die gezähmten Löwen recht real über den Weg der Vermittlung demokratischer Normen Auskunft geben. In der vom prononcierten Demokratiefeind Kallikles gezeichneten Miniatur (Platon, *Gorgias*

484a) wird der verhaßten Verfassung nämlich nicht die Anwendung von Zwang, sondern von sanfter Suggestion und Zauberei zur Last gelegt. Den «Stärksten» ginge es hier wie jung gefangenen Raubtieren. Aufgrund ihrer Sozialisation hätten sie den Grundsatz, «es sei erforderlich, daß alle gleichberechtigt wären und dies sei schön und gerecht», derart verinnerlicht, daß nur wenige Exemplare sich ihrer wahren «Natur» erinnerten und, ihre Erziehung abstreifend, von «Sklaven» zu «Herren» würden. Eine antidemokratische Funktion haben «Natur» und Dschungelgesetze auch in einer Fabel des Sokratesschülers Antisthenes, der als Begründer der Richtung der Kyniker galt, die im übrigen ebensowenig wie die sonstigen philosophischen Strömungen der Zeit eine einheitliche politische Position vertrat. Die Geschichte war offenbar recht berühmt, so daß Aristoteles nur kurz auf sie anspielen muß (*pol.* 1284a 15–17). In einer Volksversammlung der Tiere sind es die Hasen, die als Widerpart der Löwen «politisch agitierten und es für recht ansahen und beanspruchten, daß alle gleichberechtigt wären». Obschon der Wortlaut der Replik der Löwen nicht erhalten ist, steht die Botschaft außer Frage: Unabänderlich kenne die Natur Starke und Schwache, Große und Kleine, Jäger und Beute, Herrscher und Beherrschte – eine Gleichheit der Hasen, genau wie eine Gleichheit der einfachen Leute, sei absurd und pervers.

Antworten auf solche Modelle blieb die Antike bei ihrer Auseinandersetzung mit der Gleichheit der Ungleichen nicht schuldig. Im wesentlichen lassen sich dabei drei Strategien ausmachen:

Die erste besteht darin, Differenz als etwas Wertvolles zu zeigen. Besonders gut ist dies erneut in einem Bild gelungen, das in einer Rede des Aischines (3,251) so flüchtig gestreift, zudem abgewandelt wird, daß wir sicher sein können, daß es zur Vorstellungswelt der Athener insgesamt gehörte und nicht nur im Unterricht des Aristoteles vorkam. In seiner *Politik* ist es uns am ausführlichsten tradiert und als ein Argument kenntlich, dem der Autor eine hohe Plausibilität bescheinigt. Verglichen werden die Debatten des Volkes mit «Mahlzeiten, zu denen viele beitragen und die besser sein können als jene, die ein einzelner veranstaltet» (1281b 1 ff.; 1286a 29 ff.). Wie hier wenigbegüterte Menschen gemeinsam ein umfangreicheres und vor allem ein vielfältigeres Angebot an Speisen zusammenstellen als ein Millionär, so hält Aristoteles bei der geistigen ‹bottle-party› einen ähnlichen Effekt für denkbar, wenn nicht gar für wahrscheinlich bis sicher. Obwohl die einzelnen Diskussionsbeiträge nicht perfekt ausfallen, beleuchten sie dank der bunten Mischung der Bürgerschaft und ihres breiten Spektrums an Begabungen, Kenntnissen, Erfahrungen einen Gegenstand doch von vielen verschiedenen Seiten und entwickeln eine Fülle von Ideen. In ihrer Gesamtheit führen sie damit auf eine Lösung, die sehr realistische Chancen hat, den Einfall eines Genies oder einer kleinen Elite zu übertreffen. Daß es nicht erforderlich ist, die Mitwirkenden als außergewöhnlich klug oder überdurchschnittlich tugendhaft einzustufen, um ein solches Resultat zu erzielen, mag nicht nur Aristoteles für den Gedanken einnehmen. Für das Menschenbild der Demokratie ist es dahingehend typisch, als diese Verfassung unserer Gattung zwar mit Sympathie (vgl. S. 83 f.), jedoch ohne Illusionen begegnet. Daß allzuviel Macht beispielsweise den Charakter verderben kann und eine zu starke Verlockung darstellt, ist ihr, anders als manchen Elitetheoretikern, zur Gänze bewußt.

Derartige Überlegungen deuten bereits auf jene zweite aussichtsreiche Argumentationslinie hin, die darin bestand, Schwächen der gegnerischen Position aufzuzeigen. Neben dem Modus der Auswahl waren besonders die Kriterien, anhand derer die Gruppe der «Gleichen» bestimmt wurde, auf das Äußerste angreifbar. Gerade die Ableitung der politischen Privilegien aus der natürlichen Unterschiedlichkeit der Menschen hielt eine Attacke nicht aus. Immerhin waren solche Differenzen auch bezüglich Körperwuchs, Schönheit, Schnelligkeit oder Gesichtsfarbe zu verzeichnen, eine Berücksichtigung solcher Faktoren im politischen Bereich aber für die Griechen, trotz der Ideologie der «Schönen und Guten», eher Teil des Staunens über exotische, ursprüngliche Völkerschaften, bei denen der Größte und Kräftigste König wurde (Herodot 3,20,2), denn ernsthaftes Programm. Ob nicht die Fehlerhaftigkeit des Gedankens evident

sei, fragt Aristoteles (*pol.* 1282b ab 25/1290b 4 ff.), der seinerseits zwar manches gegen die Demokratie einzuwenden hat, dadurch jedoch für die Defizite anderer Entwürfe nicht blind wird.
Ein Monopol der Reichen erscheint ihm nicht gerechtfertigt, da
der Staat schließlich kein Unternehmen zur Gewinnmaximie-
rung wäre, über das die Anteilseigner entsprechend ihren Geld-
einlagen zu verfügen hätten (*pol.* 1280a ab 25). Zwei weitere
Bedenken bleiben sogar gültig, wenn man einmal unterstellt, die
von Platon als Maßstab genommene «Vorzüglichkeit» (*nomoi*
757c) ließe sich genauso leicht als «größer» oder «kleiner» erkennen wie die Länge des Leibes. Selbst dann nämlich ist zu
überlegen, ob nicht die Heterogenität der demokratischen Bürgerschaft tatsächlich hier ebenfalls – zumindest im Durchschnitt
und langfristig – bessere Resultate gewährleistet (*pol.* 1281b
4/7; 1283b 33). Nicht beantwortet ist außerdem die Frage, wie
groß der Vorsprung sein muß, um als relevant zu gelten und eine
Zäsur zu markieren. Als Antisthenes' Löwen kann sich Aristoteles denn auch bloß jemanden vorstellen, der den Rahmen
menschlicher Möglichkeiten überhaupt sprengt – ihm, aber nur
ihm ist er bereit, ein Königtum und absolute Macht zuzugeste-
hen (*pol.* 1284a; 1284b ab 26).

Mit dem «Gott unter Menschen» (*pol.* 1284a 11) kommt ein
drittes Element der Gleichheitsdebatte ins Bild. Bei aller Schärfe
der Diskussion sieht es nicht so aus, als wären die Verfechter der
Oligarchie in der Regel (vgl. aber S. 55 und *pol.* 1281b 15 ff.) soweit gegangen, das Volk als dummes Vieh mit sich als den einzigen Vertretern des homo sapiens zu kontrastieren. Damit freilich ließ sich immer eine Kategorie finden, in die man Hasen und
Löwen, Dreiecke und Kreise, arm und reich, vornehm und
nichtadelig zusammen einordnen konnte. An ihr mußte der Demokratie deshalb besonders gelegen sein, weil allein die Betonung der Differenz und ihres Nutzens kaum auf Dauer ausreichte, um die Gleichheit der Ungleichen einsichtig zu machen.
Was sie dabei entdeckte, war – der Mensch (*ánthropos*), der
nicht nur eine Fülle unterschiedlicher, sondern ebenso gemein-
same Merkmale aufwies. Logisch vereint werden beide in einem
«Mythos», einer Götter-und Heldensage, die, von Platon über-

liefert, als ein authentisches Zeugnis des Protagoras, eines pro-
demokratischen Repräsentanten der Sophistik gilt (320c–323a).
Erzählt wird eine Geschichte über die Schöpfung aller Lebe-
wesen, welche Zeugung und Tod kennen. Die Tiere, die dabei
zunächst auftreten und von Epimetheus, dem die Götter die
Aufgabe der Verteilung der Kräfte übertragen haben, ausgestattet werden, sind nicht nur als Folie für das «Mängelwesen
Mensch», das bei der Vergabe der Güter als letztes berücksichtigt wird und dadurch bei allem zu kurz kommt, notwendig. Sie
zeigen zudem ein Bild der Natur, das sich von den Hasen und
Löwen des Antisthenes kaum grundsätzlicher unterscheiden
könnte. Wo dieser die Höher- und Minderwertigkeit der Arten
herausstellt, werden bei Protagoras die einzelnen Gattungen
ganz verschieden, allerdings mit der gleichen liebevollen Sorgfalt gebildet und sind einander auch vollkommen ebenbürtig.
Denn Epimetheus – ich zitiere hier einen Passus der Übersetzung
von Schleiermacher, die dem «Märchen» die verdiente Poesie
gibt – «verlieh einigen Stärke ohne Schnelligkeit, die Schwäche-
ren aber begabte er mit Schnelligkeit, einige bewaffnete er,
anderen, denen er eine wehrlose Natur gegeben, ersann er eine
andere Kraft zur Rettung. Welche er nämlich in Kleinheit ge-
hüllt hatte, denen verlieh er geflügelte Flucht oder unterirdische
Behausung, welche aber zu bedeutender Größe ausgedehnt, die
rettete er eben dadurch, und so auch verteilte er alles übrige aus-
gleichend (!)». Die «dürftige Zeugung» der Raubtiere, die «viel-
erzeugende Kraft» ihrer Beute ist ebenfalls nicht vergessen.

Nicht weniger demokratisch ist der Mythos fortgeführt. Ein
Spezialistentum, gestützt auf verschiedene Begabungen, ist für
die Menschen im Bereich jener Kulturtechniken möglich und
nützlich, zu denen Prometheus, des Epimetheus' Bruder, der ver-
nachlässigten Gattung Zugang verschafft. Allerdings ist sogar
hier ein Zusammenleben Voraussetzung, welches in der Erzäh-
lung zunächst am Fehlen jedweder sozialen Regung scheitert.
Auch die kommunikativen Fähigkeiten entfalten nicht ohne Bereitschaft zum Dialog und gegenseitige Anteilnahme eine positive Wirkung. Der vom Aussterben bedrohten Art wird daher
ein weiteres Geschenk der Götter zuteil. Hermes verleiht ihr auf

Geheiß des Zeus *díke*, ein inneres Rechtsempfinden, ein Gefühl für Recht und Unrecht, sowie *aidós*, «Scham», ein Interesse an der Meinung der Mitmenschen, das Bedürfnis, bei ihnen wohlgelitten zu sein, das den einzelnen geneigt macht, Normen einzuhalten, auf die sich die Gemeinschaft verständigte. Anders als die übrigen Talente kann diese Gabe freilich nicht nur jeweils an einige gehen, soll sie ihren Zweck erfüllen. «An alle!» ordnet Zeus ausdrücklich ihre Verteilung an.

Genau das – so klingt Protagoras' Geschichte aus – haben jene Staaten richtig erkannt, die bei technischen Fragen Experten wie Schiffsbauingenieure oder Architekten zu Rate ziehen, bei generellen politischen aber jedermann mitreden lassen, verfügten doch alle als Menschen und damit gemeinschaftsfähige Wesen über die dafür nötige «Kunst». Daß diese, wie jede Veranlagung, von Geburt an nur als Potential vorhanden ist, dann der Pflege und Entwicklung bedarf, ist dazu kein Widerspruch. Mit einer solchen Antwort steht Protagoras jedoch auch mit Kallikles in einem eindrucksvollen Kontrast: Für dessen Löwen ist die Sozialisation eine Entfremdung von seiner Natur, Protagoras' Menschen verhilft sie zur vollen Entfaltung der ihren.

Am Ende der Diskussion um die politische Gleichberechtigung der Ärmeren, die auf den Menschen und die Vorstellung von dessen Gleichwertigkeit geführt hat, gilt es jetzt noch, eine vorschnelle Folgerung zu vermeiden. Daß bei Protagoras die im Mythos formulierte Erkenntnis über den «Menschen» konkret bloß den freien «Männern» der Volksversammlung zugutekommt, sollte nämlich nicht verallgemeinert werden. Menschen, die nicht männlich, nicht frei, aber Objekte demokratischen Handelns sind, werden uns im gesellschaftlichen Bereich begegnen.

### 3. Die Freiheit

«‹Sage doch, über welchen Wert die Demokratie sich definiert.› ‹Über die Freiheit›, sagte ich. ‹Denn das wirst Du überall in einer demokratisch regierten Stadt hören, daß sie das Beste sei und wegen ihr es für jemanden, der eine freiheitsliebende Natur hat, allein dort etwas wert sei zu leben.›»

Wie hier Platon (*politeia* 562b), so ist sich auch Aristoteles (*pol.* ab 1317a 40) sicher, auf breite Akzeptanz zu stoßen, wenn er sich unter den drei zentralen Prinzipien der Demokratie für die Freiheit als deren «Kerngedanken» entscheidet, zu dem er die anderen in eine hierarchische Ordnung bringt: «Denn man artikuliert gemeinhin die Ansicht, daß man allein in einer solchen politischen Gemeinschaft der Freiheit teilhaftig wird. Darauf nämlich, so erklärt man, achte jede Demokratie.»

Die Freiheit, mehr noch als die Gleichheit, als etwas typisch Demokratisches zu sehen, hatten die Zeitgenossen guten Grund. Ist die Gleichheit für sich genommen nicht der Demokratie vorbehalten, so trifft auf die Freiheit sogar in doppelter Weise das Gegenteil zu. Sie entwickelt sich erst mit der Demokratie zu einem Verfassungsideal, und sie bleibt als solches ganz der Demokratie überlassen. Von deren Kritikern wird sie nicht in veränderter Form befürwortet, sondern rundheraus abgelehnt, während in der Archaik an Herrschaftsmonopolen üblicherweise das Monopol, nicht die Herrschaft, an der man selbst gern teilgehabt hätte, problematisiert und daher «Gleichberechtigung», nicht «Freiheit» gefordert wird. Wie sich diese Haltung bei Herausbildung der Demokratie grundsätzlich wandelte, war oben (S. 24) zu besprechen.

Eine erste Verbindung der antiken Demokratie zur Freiheit ergab sich daraus, daß die früher Ausgeschlossenen die politische Selbstbestimmung, welche die vorherige Fremdbestimmung ersetzte, ihre neue Rolle als Subjekte statt Objekte der Politik, dergestalt erlebten (vgl. auch S. 20/21). Wenn als Gegenbild der «Sklavenstatus» erscheint, so zeigt sich, daß, nicht unähnlich der Rede von der «Knechtschaft» in der Moderne, Sachverhalte der Sozialordnung als Chiffren für innerstaatliche (wie früher schon für zwischenstaatliche) Machtverhältnisse gebraucht werden. Dabei drückt nach griechischem Verständnis «Sklaverei» recht exakt die Situation von Menschen aus, die nicht über die Gestaltung des eigenen Lebens verfügen können. Mit solchen Antithesen arbeitet im demokratischen Schrifttum z. B. Lysias (2,56; 12,73), von den Feinden des Systems der Alte Oligarch (S. 30), in einer Variante auch Kallikles (S. 47), der sich nicht nur wünscht, der Starke möge «Herr» (von Sklaven) sein, sondern zudem versucht, die übliche Relation von Freiheit und Gleichheit umzukehren: Wegen vorhandener, nicht wegen fehlender Gleichheit erklärt er seinen «Löwen» für «versklavt».

Freiheit und Gleichheit in Einklang zu bringen, bereitet antiken Demokraten wenig Mühe. So wie Gleichheit für sie nicht Angleichung meint, ist Freiheit nicht absolut, da «alle» sie besitzen sollen, sie also stets nur soweit reicht, daß die Freiheit eines anderen nicht beeinträchtigt wird. Daß beide Konzepte manchmal nahezu ineinanderfließen, veranschaulicht ein Theaterstück, das Euripides für die athenische Bühne schrieb. Mit der Formel, welche die Diskussion in der Volksversammlung eröffnet – «Wer will der Stadt etwas Nützliches raten, indem er es ins Plenum bringt» –, verbindet er explizit Freiheit, um fortzufahren: «Und wer dies nützt, der glänzt, wer nicht will, schweigt. Was hat darin größere Gleichheit als unsere Stadt» (*Hiketiden*, Vers 438–441). Die «gleiche Möglichkeit, sich politisch zu äußern» (*isegoría*) wird als Element demokratischer Debatten von den Griechen genauso thematisiert wie die Möglichkeit, «alles zu sagen», d. h. sich frei und unverblümt zu äußern (*parrhesía*). Dabei sorgten die vordemokratischen Verhältnisse sowie jene in den Oligarchien dafür, daß das Faktum, sich als Armer verbal auch gegen den «vom Glück Begünstigten» wehren zu dürfen, sowie die Chance zur Kritik an den «Herrschenden» eigens hervorgehoben werden.

Dieselben Beispiele lassen bereits einige jener Akzente erkennen, welche speziell die Freiheit zu der neuen Ordnung beisteuert. Neben der freien Rede ist dies das Prinzip von Freiwilligkeit, das in der Verfassungspraxis ebenso zum Ausdruck kommt wie in der offiziellen Sprache und das von Gegnern wie Befürwortern des Systems gleichermaßen als auffällig notiert wird. Platons tadelnd vermerkte Beobachtung, es gebe «in einer derartigen Stadt keinerlei Zwang, sich politisch zu betätigen, sogar wenn jemand dazu geeignet ist» (*politeia* 557e), wird in vielfacher Weise bestätigt. Daß Demokratien, im Unterschied zu Oligarchien, auf Personen, die sich nicht als Geschworene zur Verfügung stellen, keinen Druck durch Strafandrohung ausüben

(Aristoteles *pol.* 1294a 37 ff.), gehört genauso dazu wie die Tatsache, daß man bei einem einzigen der zahlreichen Ämter Athens die Übernahme als obligatorisch ansah und im Falle einer Weigerung Entschuldigungsgründe erwartete, während sonst jedermann selbst entschied, ob er an der Auslosung für einen Posten partizipieren wollte. Da man sich die «öffentlichen Schiedsrichter», die im 4. Jh. als erste Instanz bei minderschweren Streitsachen die Geschworenengerichte entlasten sollten, als Männer reiferen Alters dachte, aber die strikte Beschränkung der Funktion auf ein Jahr (ohne Wiederholungsmöglichkeit) nicht aufgeben mochte, scheinen die relativ knappen Personalressourcen das Abweichen von der Norm erfordert zu haben. Es fällt jedoch auf, daß diese noch darin nachwirkt, daß man die Heranziehung der 59-Jährigen als Rekrutierung behandelte und damit auf einen der wenigen Bereiche zurückgriff, wo die antike Demokratie eine Verpflichtung ihrer Bürger kannte. Ihr Schlüsselwort freilich hieß nicht «müssen», sondern «können» und «wollen». So ist den verschiedenen Formen, die sich den Athenern für ihr Engagement boten, gemeinsam, daß die Offerte stets an «den, der will» gerichtet war, was das «Schweigerecht», das Euripides dem «Rederecht» an die Seite gibt, einschließt. Ein solches verschafft Aischines Gelegenheit zu einer scharfen Replik, als sein Kontrahent Demosthenes ihm unvorsichtigerweise vorgehalten hatte, zu selten in der Volksversammlung aufzutreten: Ständige öffentliche Präsenz derselben Leute zum Zweck von Machtdemonstration und Machterhalt kennzeichne die Oligarchie, demokratisch sei, daß rede, «wer will», nach eigenem Ermessen und dann, wenn er denke, etwas Nützliches beitragen zu können (3,220).

Die eigene Entscheidung, der eigene Wille bestimmt jedoch nicht nur weitgehend die Beteiligung an der Politik. Neben der Chance, gleichberechtigt, zudem aber freiwillig die Belange der Gemeinschaft mitzugestalten, verbinden sich für die Zeitgenossen Freiheit und Demokratie wesentlich mit einer von Eingriffen und Reglementierungen freien persönlichen Existenz. Weshalb auch dieser Gedanke eine starke – positive wie negative – Resonanz fand, vermag erneut der Kontrast mit anderen Systemen und Theorien gut zu veranschaulichen. Was die einfachen Leute betraf, so herrschten in der Oligarchie sehr klare Vorstellungen von deren Verhalten: Sollten sie etwa auf der Straße einem vornehmen Herrn begegnen, der an seiner Kleidung als Mitglied der Führungsschicht eindeutig kenntlich war, so hatten sie ihm «bescheiden Platz zu machen», andernfalls aber damit zu rechnen, daß sie mit Schlägen ob dieser Respektlosigkeit bedacht würden, ohne sich, sei es spontan, sei es gerichtlich, dagegen wehren zu können. «Ganz frei, geachtet und im Bewußtsein der eigenen Würde» seines Weges zu gehen und vor entgegenkommenden ‹höheren Wesen› nicht automatisch auszuweichen: Das, was Platon, auf «Pferde und Esel» bezogen, zur letzten absurden Konsequenz demokratischer Freiheit erklärt, die nach ihrem Zerstörungswerk an den ‹natürlichen› Autoritäten (S. 86 f.) schließlich sogar die Grenzen der menschlichen Gattung überspränge (*politeia* 563c/d), ist der gesamten Einwohnerschaft (dazu S. 89 f.) tatsächlich einzig in dieser Verfassung möglich gewesen.

Restriktionen erfuhren in Oligarchien jedoch auch die Privilegierten. Sogar gesetzlich verboten war ihnen vielerorts eine erwerbsorientierte Geschäftstätigkeit (Aristoteles *pol.* 1316b 3–5), während eine weitere Verschärfung anscheinend eine Besonderheit Thebens darstellte (1278a 25). Hier mußten zehn Jahre wirtschaftlicher Abstinenz verstrichen sein, ehe Leute, die sich den zu politischer Teilhabe qualifizierenden Reichtum auf diesem Weg erarbeitet hatten, ihre Rechte nutzen durften. Zur Überwachung von Frauen und Kindern bestellte man zudem des öfteren Kontrollbehörden, die für Aristoteles nachgerade der Prototyp eines undemokratischen Amtes sind (S. 93). Nicht zuletzt sieht er durch sie die Maxime «Zu leben, wie man will» (*pol.* 1317b 11; 1319b 30), für ihn die zweite Manifestation des abstrakten Kerngedankens «Freiheit», verletzt, die in verschiedenen Worten bei anderen Autoren wiederkehrt.

Mit dem Hinweis auf die in der Heimat gewährleistete «Möglichkeit einer befehlsunabhängigen Lebensgestaltung» läßt Thukydides einen General Athens Soldaten motivieren (7,69,2). Platon gelangt zu einem ähnlichen Befund, obschon zur gegenteiligen Bewertung (*politeia* ab 557b). «Frei» erscheinen ihm die Menschen der Demokratie, die Stadt «erfüllt von Freiheit (*eleuthería*) und Freimütigkeit (*parrhesía*) und der Möglichkeit für jedermann, in ihr zu tun, was auch immer er will», weshalb «jeder sein Leben nach seinen persönlichen Vorstellungen einrichtet, wie es ihm gefällt.» Unter die Werke der Freiheit – und unter die Rubrik dekorativer Nichtigkeiten, begeisternd bloß für schlichte Gemüter, denen «wie Kindern und Frauen» oberflächliche Reize genügen – fallen in Platons Augen gleichermaßen die Entfaltung von Individualität (daß an diesem Ort «in ganz besonderem Maß Menschen von vielerlei verschiedener Art» entstehen) und die pluralistische Meinungsvielfalt, beide erneut auch bildlich vorgestellt. Ein Gewand, bunt und reichverziert durch ein Muster von Blumen aller Sorten, und ein Kaufhaus/Supermarkt, ein Laden, wo es nicht nur einen Artikel, sondern die verschiedensten Waren gibt, dürfen diesmal die Demokratie symbolisieren.

Als wirksam erweist sich die Freiheit nicht zuletzt dann, wenn die Frage möglicher Einschränkungen erörtert wird. Gänzlich ausgeschlossen sind solche weder in antiken noch modernen Demokratien, sehr wohl jedoch in einem hohen Maß rechtfertigungsbedürftig. Maßnahmen zum Schutz der Verfassung lassen sich freilich, da jedermanns Freiheit von ihr abhängt, sogar aus dem Prinzip selbst heraus legitimieren. Zweimal, in den Jahren 410 und 336, jeweils nach schweren militärischen Niederlagen, von denen die erste von innenpolitischen Gegnern zur zeitweisen Etablierung einer Oligarchie genutzt worden war (Mai/Juni 411–Frühsommer 410), verabschiedeten die Athener Gesetze, die den Widerstand gegen denjenigen zu einem Akt der Notwehr erklärten, der «die Demokratie auflöst» (Beschluß auf Antrag des Demóphantos, überliefert bei Andokides 1,96–98) bzw. «das Volk der Athener oder die Demokratie in Athen stürzt» (Beschluß auf Antrag des Eukrátes, übersetzt bei: Brodersen/Günther/Schmitt, *Historische griechische Inschriften*, Darmstadt 1998, Bd. 2, Nr. 258, S. 52 f.). Im ersten Fall wurden die Bürger zudem darauf vereidigt, hierbei in Wort und Tat ihr Bestes zu tun. In harmloseren Dimensionen wurde Verfassungs-

Abb. 3: *Die Stele, durch die der auf den Antrag des Eukrátes zurückgehende Beschluß veröffentlicht wurde, ist im Oberteil mit einem Relief geschmückt, das einen bärtigen Mann und eine ihn bekränzende Frau zeigt. Die Figuren werden in der Regel als Personifikationen des démos und der demokratía interpretiert. Der Text ist im sogenannten stoichedón geschrieben, d. h., es ist darauf geachtet, daß die Buchstaben in verschiedenen Zeilen stets exakt untereinanderstehen.*

konformität (in Form wie Inhalt) von Anträgen in der Volksversammlung erwartet und, falls ein Bürger sie mit einer offiziellen Klage bezweifelte, seit ca. 415 gerichtlich überprüft (Paranomie-Verfahren). Dagegen war es dem einzelnen unbenommen, seine Sympathie für andere Staatsformen durch das Tragen bestimmter Haartracht und Kleidung, etwa der spartanischen Schuhe und Mäntel, oder weitere Symbole zum Ausdruck zu bringen und mündlich oder schriftlich den Ruhm des bevorzugten Systems und Kritik an der Demokratie zu verbreiten.

Daß die athenische Öffentlichkeit für die Problematik einer Beschneidung von Freiheit hochsensibilisiert ist – Platon nennt die Demokraten lieber überempfindlich und selbst «ein bißchen

Sklaverei» nicht mehr gewöhnt (*politeia* 563d) –, wird an vielen Punkten, der Haltung zu Beschränkungen der Mobilität ebenso wie zur Inhaftierung, offenkundig. So leuchtet es durchaus ein, daß Amtsträger, die öffentliche Gelder zu verwalten hatten, bis zur Überprüfung ihrer Bücher die Stadt nicht verlassen durften. Dennoch gilt es als derart gravierende Restriktion, daß Aischines es einen fiktiven Gesprächspartner mit dem Ausruf «O Herákleis!», «Mein Gott!», «Meine Güte!», «Donnerwetter!» quittieren läßt (3,21). Bei den Vorgängen, die mit Gefangennahme zu tun haben, ist vorauszuschicken, daß das athenische Recht Freiheitsentzug als gängige Strafe ohnehin nicht vorsah, was vom politischen System und seiner Wertschätzung der Freiheit zumindest mitbedingt scheint. Generell per Gesetz oder fallspezifisch durch das Gericht konnte ein Gefängnisaufenthalt jedoch dann verfügt werden, falls jemand nicht willens oder in der Lage war, Geld, das er der Allgemeinheit schuldete, zu bezahlen. Neben Strafen für Delikte handelte es sich dabei oft um Bußen, die derjenige zu entrichten hatte, der einen anderen derart unbegründet einer verfassungswidrigen Handlung angeklagt hatte, daß er nicht einmal ein Fünftel der Geschworenen zu überzeugen vermochte. Daß die Athener dem Druckmittel ‹Schuldturm› nicht unkritisch gegenüberstanden, kommt in mehreren Situationen zum Tragen. Seiner rigiden Beschneidung zuzustimmen, waren sie 353 nicht abgeneigt. Erst die Aufdeckung der unlauteren Absichten des Antragstellers, der seinen Freunden einen Aufschub zur Flucht mit veruntreutem Gemeingut verschaffen wollte, sowie die Darlegung der Vorteile eines Ermessensspielraums der Gerichte brachten das Vorhaben letzlich zum Scheitern. Erinnern konnten die Gegner der Maßnahme, Euktémon und Diódoros (für ihn schrieb Demosthenes das Plädoyer), zusätzlich daran, daß Timokrátes, ihr Initiator, in den engsten Umkreis eines Mannes gehörte, der wenige Jahre vorher für Diskussionsstoff gesorgt hatte, indem er einen Auftrag zur Eintreibung von Steuerschulden mit äußerster Härte ausführte. Daß Androtíon Menschen in ihren Häusern verhaften ließ, erlaubt seinen Anklägern, ihn für schlimmer als die Mitglieder des ärgsten Terrorregimes zu erklären, das Athen in seiner Geschichte erlebt hatte. Das Haus als Raum, der einen besonderen Schutz genießt, und der Aspekt der Würde, welche durch die Erniedrigung vor den Augen von Familie und Nachbarn tangiert ist, spielen hier ebenso eine Rolle wie der Gedanke der Verhältnismäßigkeit der Mittel (Demosthenes, v. a. 22 ab 52 und 24 ab 162).

Daß die antike Demokratie auf die Freiheit «geachtet» habe (S. 52), sollte man daher auch dann nicht bezweifeln, wenn keine Kodifikation von Grundrechten erfolgt (vgl. auch S. 110). Inhaltlich sind zwischen den Einzelelementen des antiken Freiheitsgedankens und modernen Prinzipien weitgehende Parallelen feststellbar, so etwa bei der «freien Entfaltung der Persönlichkeit» (Art. 2 GG/vgl. S. 56), der «freien Meinungsäußerung in Wort, Schrift und Bild» (Art. 5/S. 53), der «Freizügigkeit» (Art. 11/S. 58), der «Freiheit der Berufswahl» (Art. 12/S. 55) und der «Unverletzlichkeit der Wohnung» (Art. 13/S. 59). Gleichfalls zur politischen Kultur der griechischen Demokratie gehört die freie Zugänglichkeit unzensierter Informationen (Art. 5/S. 73). Die «Bildung von Vereinigungen» (Art. 9) unterbindet Athen sogar dann nicht, wenn diese sich als Horte aristokratischen Lebens definieren oder sich die Verletzung von Normen zum Ziel setzen. Solange nicht Außenstehende unfreiwillig einbezogen werden, ist es den *Ithýphalloi*, den «ewig Geilen» unbenommen, sich besinnungslos zu betrinken, um Prostituierte zu raufen oder andere Exzesse zu praktizieren (Klage des Aríston gegen Kónon, Plädoyer verfaßt von Demosthenes: 54,14 und 16 f.). Bekannt – und, wie die *Ithýphalloi*, speziell bei wohlhabenden jungen Leuten beliebt – sind auch Clubs, deren Zweck im gemeinsamen Verstoß gegen religiöse Tabus lag. Die *Triballoí*, die sich programmatisch nach einem als wild und grausam verschrienen Thrakerstamm benannten, gewannen ihren Nervenkitzel aus dem Verzehr von Weihgaben, welche den Mächten des Totenreiches dargebracht worden waren und daher für Lebende als ungenießbar galten (Demosthenes 54,39); die *Kakodaimonistaí*, die Beschwörer übler Dämonen, von Bleicken nach einem Fragment des Lysias (bei Athenaios 12,551f) rekonstruiert, rühmten sich der Verachtung von Göttern und Gesetzen. Wenn solche Gesellschaften in Gerichtsreden erwähnt werden, so geschieht dies bezeichnenderweise nicht nur von Seiten der Anklage. Der Beschuldigte selbst kann es für eine gute Idee halten, eine Schlägerei mit dem Verweis auf Vereinsstatuten zur Normalität herabzuspielen. Besonders signifikant ist jedoch, wie Aríston vorgeht, als er den von ihm wegen tätlicher Beleidigung angezeigten Kónon als einen Mann zeichnen möchte, dessen Eid deshalb nichts besage, weil er als früherer *Triballós* seine mangelnde Scheu vor Flüchen bereits unter Beweis gestellt habe. Zunächst nämlich scheint es Aríston dringend geboten, sich für seine «Erkundigungen» über den Gegner, zu denen ihn allein die Umstände «gezwungen» hätten, zu entschuldigen (Demosthenes 54,39, vgl. S. 82 f.). Inquisitorischen Eifer wird man den Athenern daher schwerlich nachsagen können.

Trotzdem ist es die «Glaubensfreiheit» (Art. 4 GG), welche moderne Betrachter häufig vermißten. Näher eingrenzen läßt sich das Problem, wenn man sich einige Elemente der griechischen Religion vergegenwärtigt. Diese war polytheistisch, ging also von einer Vielzahl höherer Mächte aus und kannte weder eine als Offenbarung definierte Lehre noch eine von einer Institution als verbindlich verbreitete Theologie. Die Gottheiten stellte sie sich als Wesen vor, die von den Menschen bestimmte Akte der Ehrerbietung erwarteten, ohne daran interessiert zu sein, ob jemand ihnen aus tiefer Überzeugung heraus seine Referenz erwies. Je nach Einhaltung oder Verletzung der korrekten, durch Tradition erprobten Umgangsformen vermochten sie freilich zu reagieren und dabei unmittelbar in das irdische Geschehen einzugreifen. Daß man sich ihrer Gunst auch für die politische Gemeinschaft als Ganze versichern wollte, ist bereits sehr früh festzustellen. Neben öffentlichen Gebäuden gehörten Tempel mit heiligen Bezirken (*témena*) ebenso zur Grundausstattung einer Stadt wie Leute, welche sie gegenüber den Göttern vertraten und nicht zufällig den Inhabern politischer Posten ähnelten, gelegentlich sogar völlig entsprachen. So war der vorrangig mit sakralen Aufgaben befaßte *árchon básileus* Träger eines jener neun hohen Ämter Athens, deren Geschick oben skizziert wurde (S. 22 f.).

Als Instanz, um Verfassungsregeln oder Maßnahmen der Tagespolitik zu legitimieren, zog man die Götter allerdings höchstens in der Frühzeit griechischer Geschichte heran. Daß sie sich mit Zeichen der Billigung oder des Mißfallens zu Wort melden würden, hielt man im klassischen Athen noch am ehesten dort für wahrscheinlich, wo ihr Ressort der «Stadtbewahrung» berührt war, d. h. bei militärischen Unternehmungen. Sonst jedoch war Politik reines Menschenwerk geworden, gestaltet mit der Begrenztheit menschlicher Kenntnisse und Fähigkeiten, aber auch mit der Freiheit, frühere Entscheidungen zu revidieren und eine neue Sicht der Dinge zu entwickeln. Nach bestem Wissen und Gewissen: Dieser Anspruch – nicht mehr, nicht weniger – galt für den einzelnen Antragsteller oder Diskussionsteilnehmer ebenso wie für die gesamte Bürgerschaft. Bis in offizielle Dokumente hinein manifestiert sich eine solche Haltung. «Es möge Glück bringen!», lautet der Wunsch, den die Athener dem Resultat ihrer Beratungen manchmal voraussenden. Vor allem aber beschreiben sie ihr eigenes Tun mit den Worten: «Das Volk» (oder, falls eine Beschlußvorlage des Rates angenommen wurde: «Rat und Volk») «gelangte(n) zu der Meinung/Auffassung». «Es schien ihnen gut» statt «es ist gut» – nach Einschätzung des französischen Philosophen Cornelius Castoriadis trifft keine Formel die Essenz der Demokratie besser. Daß deren Debatten davon leben, daß niemand die einzig ‹wahre› Lösung kennt, man vielmehr gemeinsam versucht, eine möglichst gute Lösung – unter Berücksichtigung potentiell verschiedener Bedürfnisse – zu erarbeiten, ist die eine Seite. Die andere ist das dynamische Potential, das eine Neuaufnahme des Gesprächs jederzeit denkbar macht. Besonders bei der jungen athenischen Demokratie des 5. Jh. konstatieren die Zeitgenossen eine starke Neigung zu Veränderungen und Experimenten, was nicht zuletzt der Komödie Stoff für eine Karikatur liefert. Ein Antrag, der die Macht von den Männern auf die Frauen überträgt und der von der Initiatorin, der als Bürger verkleideten Praxagóra, mit dem als segensreich gewerteten Traditionsbewußtsein ihrer Geschlechtsgenossinnen begründet wird, findet – so der Plot von Aristophanes' *Ekklesiazoúsai* – in der Volksversamlung aus genau dem gegenteiligen Grund eine Mehrheit: «Das sei allein noch in Athen nie dagewesen!»

Deuten bereits diese Züge nicht auf eine Gesellschaft hin, die für religiöse Konflikte besonders anfällig ist, so gibt die Überlieferung der Skepsis zusätzliche Nahrung. Untersuchungen vieler namhafter Forscher, unter ihnen Kurt Raaflaub und Kenneth Dover, sind nämlich zu dem Ergebnis gelangt, daß nahezu alle Geschichten über eine Verfolgung von nonkonformistischen Intellektuellen im Athen des ausgehenden 5. Jh. von äußerst zweifelhafter Historizität und mit großer Wahrscheinlichkeit spätere antidemokratische Erfindungen sind. Auch bei der Ausnahme Sokrates besteht heute weitgehend Einigkeit darüber, daß die Anklagepunkte, er verderbe die Jugend, und zwar unter anderem dadurch, daß er Atheismus lehre, vorgeschoben waren.

Nicht zufällig fand der Prozeß im Winter 399 gegen einen Mann statt, der seit 25 Jahren eine auffällige Erscheinung darstellte, ohne damit in Schwierigkeiten zu geraten. 404/03 jedoch hatte Athen nach der Niederlage im Peloponnesischen Krieg einen von der Siegermacht Sparta unterstützten zweiten Sturz der Demokratie (vgl. S. 56) und in der Folge ein Regime erlebt, das (nach seiner Führungsgruppe) als «die Dreißig» oder «dreißig Tyrannen» in der Erinnerung haften blieb. Es brachte eine oligarchische Staatsform, welche die Zahl der vollberechtigten Athener von den ca. 45 000 der Demokratie auf 3000 reduzierte, zusätzlich aber den Verlust jeglicher Rechtsstaatlichkeit. Ohne Gerichtsverfahren wurden 2500 Personen, davon mehr als 1500 Bürger hingerichtet, was, wie G. A. Lehmann zur Veranschaulichung anmerkt, «rein numerisch an die ca. 2600 während der ‹terreur›-Phase von 1793/4 in der Großstadt Paris Guillotinierten heranreicht» (S. 53 f.). Viele Demokraten verließen die Stadt oder wurden ausgewiesen. Ihnen gelang ca. März 403 die Rückeroberung der urbanen Siedlung Athen, während sich die Oligarchen in Westattika (mit dem Zentrum Eleusis) einen eigenen Staat schufen. Als dieser 401/400 wiedereingegliedert, die Demokratie in ganz Attika wiederhergestellt wurde, geschah es unter Bekräftigung einer bereits im September 403 zwischen beiden Parteien vertraglich festgelegten Amnestie für sämtliche Mitläufer der «Dreißig».

So unabdingbar sie war, so viel verlangte sie der Bürgerschaft ab. Daher ist es kaum verwunderlich, daß einige Leute, meist im übrigen erfolglos, versuchten, sie mit verfahrenstechnischen Tricks zu unterlaufen. Gleichfalls 399 verfiel etwa Lysias, dessen Bruder von den «Dreißig» umgebracht worden war, während er selbst sich noch mit knapper Not nach Mégara zu retten vermochte, auf die Idee, den Schergen, der die verhängnisvolle Verhaftung durchgeführt hatte, auf Mord in mittelbarer Täterschaft zu verklagen. Exakt der Vorwurf einer schuldhaften Beteiligung an dem Terror steht auch hinter dem Verfahren gegen Sokrates. Obschon er selbst vermutlich ein apolitischer Mensch ohne Verstrickung in die Greuel war, brachten ihn seine langjährigen, engen Verbindungen zu prominenten Antidemokraten bis hin zur Führungsgruppe der «Dreißig», der sein Schüler Kritías angehörte, ebenso in Verdacht wie sein Verbleiben in Athen, wo man ihn in die Liste der 3000 Privilegierten eingeschrieben hatte. Dennoch erfolgte der Schuldspruch, trotz ungeschickter Verteidigung, nur mit knapper Mehrheit. Ein Todesurteil war damit keineswegs gesprochen, da das Gesetz für solche Fälle kein festes Strafmaß vorsah, sondern den Geschworenen die Wahl zwischen den Angeboten der beiden Prozeßgegner ließ (sogenannte schätzbare Klage). Sokrates freilich beharrte darauf, für sein Wirken eher eine hohe Ehrung denn eine Buße verdient zu haben. Das Gericht konnte daher nur dem Antrag der Anklage folgen, was ihm umso leichter gefallen sein dürfte, da das Verhalten des Angeklagten der Behauptung, er verachte die Demokratie und ihre Organe, neue Glaubwürdigkeit verlieh.

Als Muster eines Verfahrens wegen *asébeia*, d. h. der Kränkung höherer Mächte unter Gefährdung der ganzen Stadt, eignet sich Sokrates' Fall demnach genausowenig, wie die abenteuerliche Konstruktion des Lysias zur Illustration einer regulären Mordklage taugt. Wo das Delikt mit einiger Sicherheit nachzuweisen ist, betrifft es konkrete Akte, Amtsvergehen eines Priesters, eine Entweihung heiliger Stätten und Riten, die Beflekkung des Altars mit Menschenblut. Gewiß hat Athen keine Stufe der Säkularisierung erreicht, auf welcher Tempelraub nicht mehr ist als Diebstahl, die Verstümmelung eines Götterbildes bloß Sachbeschädigung, ein Eid ein Vorgang ohne sakrale Nebentöne. Die Zone, wo die Überzeugungen einzelner mit den verbreiteten religiösen Vorstellungen kollidieren konnten, war jedoch viel enger, als die These vom Fehlen der Glaubensfreiheit suggeriert. Unbenommen war jedermann die Verehrung beliebiger Gottheiten und Frömmigkeit verschiedener Art; heikel im Maximalfall – akzeptiert man einmal ein paar strittige Zeugnisse – ein in Krisenzeiten provokant ausgelebter Atheismus, wohingegen man es bereits zur Privatsphäre rechnete, wenn die *Triballoi* (S. 59) mit ihrem persönlichen Wohlergehen spielten.

Neben Sokrates und der Glaubensfreiheit hat die moderne Forschung oft die Frage beschäftigt, in welchem Maß die Freiheit des einzelnen in Griechenland gesichert gewesen sei. Hier sind vor allem zwei Aspekte zu unterscheiden. Von Maßnahmen seines eigenen Staates war in einem demokratischen Gemeinwesen das Individuum nicht bedroht, da Freiheit als integraler Bestandteil der Verfassung angesehen wurde und die anderen Kernprinzipien, die Selbstbestimmung als «Nichtbeherrschtwerden, am besten von niemandem» (S. 24) und die Gleichheit der Ungleichen (S. 44) zusätzlich verstärkend wirkten. Daß die Freiheit geschätzt und geliebt wurde, wie all unsere Quellen bestätigen, bot eine weitere Gewähr, daß die Bürgerschaft als Beschlußorgan sich nur aus triftigstem Grund dazu durchrang, sie einzuschränken, zumal Gesetze, die nicht allgemein galten, verboten waren, man sich also stets selbst geschädigt hätte. Dennoch konnte man die Freiheit einbüßen, und das nicht allein durch einen Umsturz, der ein nichtdemokratisches System begründete. Demokraten wie Antidemokraten nahmen es hin, daß jeder und jede, falls seine/ihre Vaterstadt einem auswärtigen Gegner unterlag oder er/sie selbst deren Territorium auf Reisen verließ, Gefahr lief, von der Siegermacht, Wegelagerern oder Piraten in die Sklaverei verkauft und solcherart als menschliches Beutegut gewinnbringend vermarktet zu werden. Der Verlust der Freiheit ging dabei in aller Regel mit dem Verlust der Heimat einher. Versklavte wurden nämlich ihren Landsleuten höchstens zur Zahlung von Lösegeld, nicht aber zur Nutzung als Unfreie angeboten, was es nicht unbeträchtlich erleichtert haben dürfte, das Problem zu verdrängen. Wenn der Sokratesschüler Kritías, das spätere Mitglied der «Dreißig», in einer Schrift über Spartas Ordnung freilich bewundernd notiert, dort sei, ganz anders als im demokratischen Athen, der Herr auch wirklich Herr, der Sklave so richtig Sklave (Fragment 37, Diels/Kranz, Vorsokratiker 2⁶), dann läßt sich bereits erahnen, daß die Verfassungsfrage auch für die unfreien Fremden durchaus nicht belanglos war.

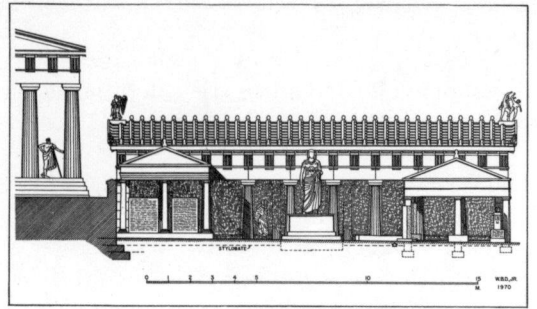

Die stoá basiliké (1):
Amtssitz des árchon
básileus. An den
Wänden sind Gesetze
in Stein gemeißelt
(Rekonstruktion:
spätes 4.Jh.).

Das alte (3) und das
neue (2) Gebäude
des Rats der 500 =
Metroon und bouleuté-
rion. Links davon die
Thólos. In einem Raum
von 3 ist ein Archiv
mit Gesetzestexten und
Gerichtsakten unterge-
bracht. Im Hintergrund
das Hephaisteíon.

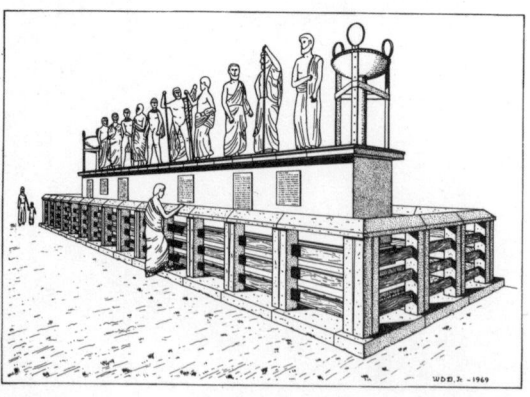

Standbild der
eponymen Heroen (5),
Schutzpatrone der
von Kleisthenes künst-
lich neugeschaffenen
Einheiten für die athe-
nische Bürgerschaft.
Der Sockel wird für
öffentliche Aushänge
genutzt.

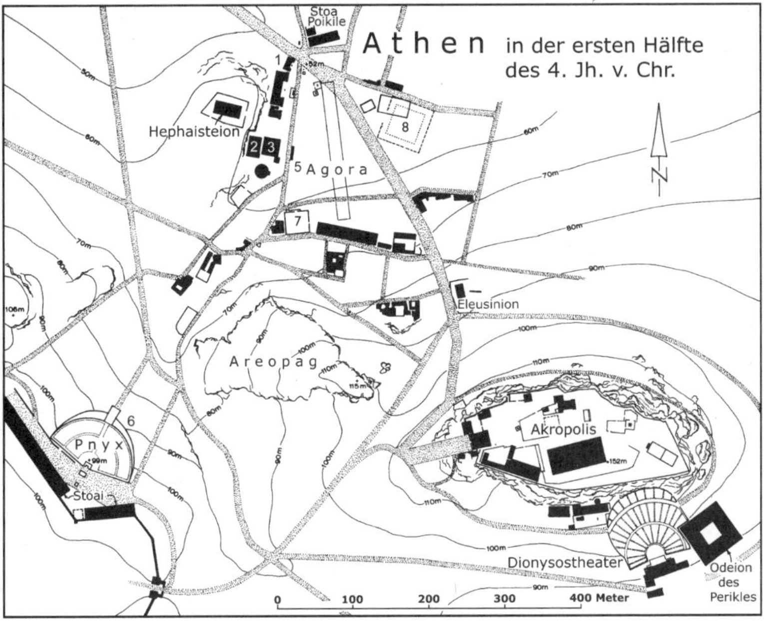

Stoa Poikile

**A t h e n** in der ersten Hälfte des 4. Jh. v. Chr.

1

Hephaisteion

2 3

8

5 Agora

N

7

Eleusinion

Areopag

6

Pnyx

Akropolis

Stoai

Dionysostheater

Odeion des Perikles

0    100    200    300    400 Meter

*7 und 8: Tagungsstätten der Dikasterien.*

*Die Pnyx in Phase 3 (6)*
*(spätes 4.Jh.)*

## II. Beraten, entscheiden, richten, vollziehen.
## Der Politikprozeß und seine Institutionen
## im Athen des 5./4. Jh.

«Zuhause auf der Pnyx»: Wenn Aristophanes den «Herrn Démos» in dem Areal westlich der Akropolis ansiedelt (in dem
Stück *Die Ritter*, Vers 43), dann wird damit für Athen ein kon-
kreter Ort sowie allgemein eine Institution in das Zentrum demokratischen Politikgeschehens gerückt. Es ist die Volksversammlung (*ekklesía*), welche die Athener im frühen 5. Jh. vom
Marktplatz (*agorá*) in ein Gelände verlegt hatten, das den grö-
ßeren Zustrom an Teilnehmern zu bewältigen vermochte, den
die steigende Bedeutung der Zusammenkünfte erzeugte, und
das sich zugleich als natürliche Mulde, an deren Hängen man im
Halbrund sitzen konnte, für diesen Zweck anbot. Aufwendige
Baumaßnahmen erfolgten, in mehrere Phasen gegliedert, im
4. Jh. Von historischem Interesse sind sie dadurch, daß sie eine
genauere Schätzung der Zahl jener Personen erlauben, die be-
quem auf der Pnyx Platz fanden. Mit etwa 20 000 – gegenüber
35 000 bis 45 000 erwachsenen männlichen Mitgliedern der
Bürgerschaft insgesamt – dürfte eine Kapazität geschaffen worden sein, die nur in seltenen Fällen nicht ausreichte, mit der man
jedoch bei den wichtigsten Themen zu rechnen hatte. Einem
Durchschnittswert an Besuchern entsprechen vermutlich jene
6000, die man dem «Volk in seiner Gesamtheit» gleichhielt.
Beim Quorum für manche Abstimmungen (S. 43) tauchen sie
ebenso auf wie bei der Entlohnung (S. 44). Daß sie auch im Ge-
richtswesen anzutreffen sind, wo Jahr für Jahr 6000 Athener zu
Geschworenen ausgelost werden, ist ein wesentlicher Fingerzeig
für die Deutung der Organe der Rechtspflege und wird uns später noch beschäftigen.

Zahlen geben weitere Aufschlüsse über die Ekklesie Athens.
Mindestens vierzigmal, gleichmäßig über das Jahr verteilt, trat

die Bürgerschaft zu Zeiten der *Athenaíon politeía* (S. 16) zusammen; einige, wahrscheinlich vier Tage vor einem Treffen wurde die Tagesordnung in ihrer endgültigen Form bekanntgemacht. Daß es nicht möglich war, sie während einer Sitzung um neue Punkte zu erweitern, ist in der Moderne manchmal auf Unverständnis gestoßen, stellt näher besehen jedoch eine konsequent demokratische Regelung dar. Damit – und nur damit – hatte der einzelne Bürger die Gewähr, an allen Fragen mitzuwirken, die ihm persönlich wichtig waren, ohne genötigt zu sein, sämtliche Versammlungen des Volkes zu besuchen. Partizipationschancen ließen sich also auf diesem Weg bei gleichzeitiger Umsetzung des Prinzips der Freiwilligkeit wahren. Zudem konnten zu den Themen, die auf dem Programm standen, bereits Vorüberlegungen angestellt, Anträge sorgfältig gelesen und durchdacht werden, so daß die Diskussion nicht auf rein spontane Einfälle angewiesen war.

Diese Diskussion, «sich zu beraten und dadurch zu einer Entscheidung zu gelangen» hat im politischen Denken der Griechen einen prominenten Platz. So ist bei Aristoteles das Element von Meinungs- und Willensbildung als Teil des Politikprozesses sehr deutlich wahrgenommen, sei es, daß es neben dem sich anschließenden Hoheitsakt der Beschlußfassung eigens erwähnt (z. B. *pol.* 1299a 1; 1316b 31), sei es sogar, daß der Gesamtvorgang und die dafür zuständige Institution als «beratend» bezeichnet wird (*pol.* 1297b 41; 1298b 12). Das Beschlußorgan dergestalt als Stätte argumentativen Austausches zu präsentieren, war Aristoteles deshalb in der Lage, weil beide Funktionen, Debatte und Endentscheid, üblicherweise beim selben Gremium angesiedelt waren, die Räte vieler vor- und nichtdemokratischer Staaten bindende Verordnungen erließen, während die Ekklesie in Demokratien sich nicht mit der Verabschiedung einer Vorlage ohne vorherige Aussprache begnügte. Nicht das Diskutieren als solches, jedoch die Tatsache, daß alle Bürger daran teilhaben konnten und daß sein Ort die Volksversammlung war, ist für die Demokratie typisch. Mit Herodots Verfassungscharakteristik (3,80,6) gesprochen: Es werden sämtliche Beratungen hinaus an die breite Öffentlichkeit gebracht und auf die Ebene der Gesamtheit erhoben (ähnlich bezüglich des Aspekts «Entscheidung»: Aristoteles *pol.* 1317b 33). Und «jeder, der will» (S. 54) ist dazu aufgerufen, seinen Ratschlag, sei es Meinungsäußerung oder formeller Antrag, «in die Mitte zu tragen», ihn unter den Leuten in die Debatte zu werfen (Euripides, *Hiketiden* Vers 439).

Genau damit unterscheidet sich die Demokratie freilich auch von jenen antiken Systemen wie Rom, Sparta und einigen gemäßigten Oligarchien, die das Volk als Entscheidungsinstanz sehr wohl kennen. Was ihnen fehlt, ist dennoch vielerlei: ein Katalog von Fragen, mit denen die Menge automatisch in regelmäßigen Abständen befaßt wird; eine Möglichkeit für die Bürger, politische Initiative zu entwickeln und die Behandlung eines Gegenstandes selbst anzustoßen; sogar, noch eingeengter, die Befugnis der Ekklesie, Änderungen an der in solchen Staaten stets auf Amtsträger bzw. Rat zurückgehenden Beschlußvorlage vorzunehmen oder ihr aus dem Plenum heraus eine Alternativlösung entgegenzustellen. In Athen dagegen war es Pflicht, dem Volk neunmal pro Jahr in gut monatlichen Intervallen Gelegenheit zu einem Urteil über die Amtsführung der Inhaber politischer Posten zu geben, einmal zu einem Ostrakismós (S. 42). Zu Beginn eines Jahres wurde zudem immer überprüft, ob der Wunsch nach Ergänzung oder Umgestaltung des geltenden Rechts existierte, nachdem dieses zwischen 411 und 399 zu einer Gesetzessammlung vereint worden war. Von zahlreichen sonstigen festen Programmpunkten berichtet Aristoteles' *Athenaíon politeía* (ab 43,4). Daß die Ekklesie sich darüber hinaus mit einem beliebigen Anliegen beschäftigte, konnte, soweit es verfassungskonform war, jeder volljährige Bürger bewirken, indem er fristgerecht einen Antrag bei der für die Publikation der Tagesordnung zuständigen Behörde, dem Rat der Fünfhundert, einreichte. Diesem Gremium war es unbenommen, die anstehenden Themen vorzuberaten und dem Volk einen eigenen Vorschlag (*proboúleuma*) zu unterbreiten; manchmal erhielt es von diesem sogar die ausdrückliche Anweisung dazu. An das Resultat seiner Debatten gebunden war die Bürgerschaft jedoch nicht. Nochmals in Zahlen tritt der diesbezügliche Spielraum der Athener – und ihre Bereitschaft, ihn zu nutzen – markant hervor. Eine Untersuchung der inschriftlich erhaltenen *psephísmata*, der Entscheide der Ekklesie, durch R. H. Rhodes und Mogens Hansen hat nämlich gezeigt, daß in der Hälfte aller Fälle entweder keine Empfehlung des Rates ausgesprochen oder ein mit dem seinen konkurrierender Antrag bevorzugt wurde, wobei der Prozentsatz bei Aussonderung von Routineangelegenheiten weiter steigt.

Die Männer auf der Pnyx sind also als Antragsteller, Diskussionsteilnehmer und Zuhörer wesentlich mehr von Interesse denn als Stimmkörper. Aus einem Grund verdient allerdings auch die Abstimmung eine Bemerkung. Bei Sachfragen erfolgte sie normalerweise offen per Handzeichen, ohne jene Sorge vor dem Bekanntwerden der eigenen Ansicht, die sich dann einstellt, wenn jemand dadurch persönliche Nachteile befürchten muß. Läßt dies auf eine feste Verankerung des Prinzips der Meinungsfreiheit rückschließen, so weist das Klima der Versammlung noch eine Reihe sonstiger Züge auf. Einer davon ist die Tatsache, daß von einer einschüchternden Wirkung der Eloquenz mancher Leute nichts zu merken ist. Selbst bei prominenten Personen und begnadeten Rednern verfielen, gelegentlich zu deren Ärger, die Athener nicht in die Haltung andächtiger Bewunderung. Viel eher, so unsere Überlieferung, sahen sie sich durch die Vorführung solcher Kunst, wenn nicht zu einer Replik, dann wenigstens zu genauem und kritischem Zuhören herausgefordert. Daß sie schöne Reden leidenschaftlich liebten, barg sicher eine gewisse Gefahr, die man jedoch nicht überbewerten sollte. Gerade dank dieses Interesses waren sie nämlich mittels Rhetorik relativ schwer zu manipulieren, zumal sogar ein Bürger, der nur ein Viertel aller Zusammenkünfte besuchte, in kurzer Zeit Dutzende von Ansprachen hörte. Wenn Demádes, ein häufig auftretender Akteur, berühmt für Schlagfertigkeit und die Fähigkeit zur Improvisation, von sich behauptet haben soll, all seine sprachliche Gewandtheit sei nicht durch Studien, sondern ausschließlich auf der Pnyx erworben, so ist das, eine Grundveranlagung vorausgesetzt, nicht unvorstellbar.

Reden, verfaßt für den Vortrag in der Ekklesie und vor Gericht, haben sich durch spätere Publikation in Buchform von verschiedenen Autoren erhalten. Nicht in jedem einzelnen Wort, aber im Gesamtduktus authentisch, erhärten sie den Eindruck, ihr Adressat sei eine Zuhörerschaft, die auch auf Anspielungen reagiert. Speziell das politische Vokabular wird mit großer Sorgfalt gewählt. Das gilt für die Definition der eigenen Rolle: Der Redner möchte einen «Ratschlag» erteilen, seine «Meinung» kundtun, ohne andere Sprecher oder das Plenum pauschal abzuwerten; desgleichen für Bezugnahmen auf die Verfassung: So gut wie nie wird «Demokratie» zum inhaltsleeren Jubelwort degradiert, das bloß diffuses Wohlwollen erzeugen soll. Bei verbalem Fehlverhalten bewiesen die Athener, fern aller Prinzipienreiterei, ein recht feines Gespür. Über ein harmlos-witziges Bonmot, das Demosthenes zum Indiz der entsetzlich undemokratischen Gesinnung seines Gegners Philokrátes aufzubauschen versucht (19,46), haben sie einfach nur gelacht.

Reaktionen blieben auch während einer Rede nicht aus. Heftige Formen scheinen sie besonders dann angenommen zu haben, wenn die Mitbürger zu dem Schluß gelangten, jemand habe rein gar nichts Sachdienliches zu sagen und mißbrauche die Versammlung als Forum der Selbstdarstellung. Wenn der Betroffene vor dem offenen Unmut des Auditoriums nicht von sich aus kapitulierte, konnte ihm das Wort entzogen werden. Daß Platon sich als ‹Opfer› derartiger Proteste Männer mit dem Dünkel der «Schönen und Guten», «Reichen» und «Wohlgeborenen» sowie Meister der Redekunst vorstellt, wird deshalb noch beachtenswerter, weil uns meines Wissens ein Beleg dafür fehlt, man habe jemanden wegen seiner unbeholfenen Sprechweise verspottet. Nicht weniger ist der Schauplatz der Szenen von Interesse. Platon denkt an ‹Experten-Hearings›, bei denen von Architekten und Schiffsbaumeistern technische Informationen eingeholt werden sollen (*Protagoras* 319b/c) sowie an die Wahl verschiedener Spezialisten (*Gorgias* 455b).

Daß bei letzteren die Strategen, die Generäle Athens, auf derselben Ebene auftauchen wie diverse Ingenieure und der «öffentliche Arzt», den die Stadt zur Gewährleistung der medizinischen Grundversorgung ihrer Bewohner beschäftigte, ist, genau wie Aristoteles’ Hinweis auf ihr «Fachwissen» (*pol.* 1317b

21 f.), von der Forschung leider nicht hinreichend beachtet worden. Sonst hätte sie nämlich erkannt, daß diese Einordnung die besonderen Merkmale des Postens, seine Besetzung durch Wahl statt Auslosung und die Möglichkeit wiederholter Kandidatur, ebenso mühelos wie systemkonform erklärt. In ihnen den Beweis für die Heuchelei der Demokraten zu sehen, die ihre persönliche Sicherheit denn doch ihrer Überzeugung vorgezogen hätten, sollte man besser dem «Alten Oligarchen» (1,3) überlassen.

Auf Spezialkenntnisse (vgl. S. 32 und S. 50) und auf die Reden bleiben inhaltliche Erwartungen nicht beschränkt. So ist es für Aischines selbstverständlich, daß der Wegfall der freien Zugänglichkeit ungefilterter Informationen die Diskussion zum Erliegen bringt, die ‹bottle-party› (S. 48) unmöglich macht (3,251). Im Stil ausgefeilter Ansprachen braucht man sich den Meinungsaustausch nur begrenzt zu denken. Sogar die meisten Anträge bedurften nicht des rhetorischen Aufwands, den wir aus dem von bedeutenden Anlässen überlieferten Material kennen. Zu berücksichtigen ist zudem, daß Szenen von der Pnyx, wie sie im Werk antiker Historiker sich finden, nicht als Sitzungsprotokolle zu lesen sind. Vielmehr folgen die Autoren der Auffassung, Geschichtsschreibung sei Literatur, und gestalten eine komplexe Auseinandersetzung als dramatischen Wettstreit zweier Positionen, wobei Argumente, die in der Realität von vielen verschiedenen Bürgern in eher kürzeren Stellungnahmen zusammengetragen wurden, mit je einem Paar antithetischer Reden wiedergegeben sind, hinter denen sich die sonstigen Wortmeldungen gerade noch erahnen lassen. Dauern konnte die Versammlung vom Morgen bis zum Einbruch der Nacht, wenngleich für gewöhnlich der Vormittag genügte. Intensität wie Qualität der Beratung nicht gering zu veranschlagen ist dringend angeraten. Für Aristoteles ist die Plenumsdebatte eine Hauptstärke der Demokratie, und dies in doppelter Hinsicht. Neben einem möglicherweise sachlich besseren Resultat (S. 48) hat sie unbestreitbar einen integrativen Effekt, den die Analyse moderner Systeme mit partizipatorischen Elementen bestätigt. Denn die Gelegenheit zur Teilhabe erhöht selbst bei jenen Leuten, deren Vorstellung sich nicht durchsetzte, die Akzeptanz einer Entscheidung.

Mit Integration läßt sich auch die Aufgabe benennen, welche für die Athener eine besondere Herausforderung darstellte. Ihr Staatsgebiet, die Landschaft Attika, wies nämlich mit ca. 2250 km² eine Dimension auf, die ungefähr der des heutigen Luxemburgs oder des Saarlandes entspricht, für das antike Griechenland jedoch außergewöhnlich groß war und nur noch von den Lakedaimoniern der Peloponnes übertroffen wurde. Dort hatte die Entfernung vom politischen Zentrum, der aus fünf Dörfern bestehenden Ortschaft Sparta, tatsächlich spätestens um 550 dazu geführt, daß die «Umwohnenden» rechtlich zu Bürgern zweiter Klasse wurden. Für Attika sind in vordemokratischer Zeit vor allem der regionale Einfluß einzelner Adelshäuser und Partikularinteressen feststellbar. Ihr Beitrag zur Errichtung der Tyrannis des Peisistratos (561; mit Unterbrechungen von ihm, dann seinen Söhnen bis 510 behauptet) macht es verständlich, weshalb nach deren gewaltsamem Ende die Ausschaltung solcher Faktoren betrieben und in der Reform des Kleisthenes (etwa 508/07) erreicht wurde. Daß die dafür entwickelte Methode später der Demokratie half, die Bürger aus ganz Attika besser in das politische Geschehen einzubinden, ist der eine Grund, weshalb Kleisthenes' Name in keiner Betrachtung dieser Verfassung fehlen darf. Der zweite Anlaß ist dagegen völlig anderer Natur. So gilt es mit allem Nachdruck hervorzuheben, daß mit Kleisthenes nicht die Demokratie begann. Der auf ihn zurückgehende Rat der Fünfhundert war vielmehr zunächst ein typisch spätarchaischer «Volksrat» (S. 19), neben dem der Areopag weiterhin nur Adeligen und Reichen zugänglich und ebenso wie die hohen Ämter, die derselben Personengruppe vorbehalten blieben, nach wie vor mit erheblicher Macht ausgestattet war. Das generelle Fehlen einer Entlohnung wurde erst von der Demokratie korrigiert, die Kleisthenes' Rat dann auch weitgehend neu konzipierte. Für sie ist er ein Gremium von Bürgern, die sich, maximal zweimal im Leben, ein Jahr lang dafür zur Verfügung stellen, die öffentlichen Angelegenheiten genau im Auge zu behalten. Ein Teil seiner Mitglieder

*Abb. 5: Inschriftlicher Beleg für den «Volksrat» aus Chios (um 570). Die Schriftrichtung wechselt, wie in der Frühzeit häufig, von Zeile zu Zeile (boustrophedón = «wie der Ochse beim Pflügen geht»).*

ist tatsächlich Tag und Nacht auf dem Markt in einem Gebäude, der Thólos, präsent und daher jederzeit erreichbar. Die Überwachung der Ausführung von Volksbeschlüssen ist nicht weniger Ratsressort wie die *dokimasía*, die Prüfung künftiger Amtsinhaber hinsichtlich Erfüllung formaler Qualifikationen wie Bürgerstatus und Mindestalter (Untergrenze bei allen «Herrschaftspositionen»: 30 Jahre), oder die Entgegennahme von Anträgen und der Empfang fremder Gesandtschaften, die beide an die Ekklesie weitergeleitet werden. Solche Aufgaben bewegen sich durchaus im Rahmen jener organisatorisch-administrativen Tätigkeit, welche für *árchontes* in Demokratien kennzeichnend ist (S. 20), nutzen jedoch in den Kontrollfunktionen und den Vorberatungen (S. 70) zugleich das Potential der großen Grup-

pe. Deren Zusammensetzung erfolgt durch Auslosung in Fort-
führung des kleisthenischen Verfahrens. Ein ausgeklügeltes
System damals künstlich geschaffener Einheiten gewährleistet,
daß sowohl im gesamten Rat wie in seinen für je ein Jahreszehn-
tel mit der Geschäftsführung betrauten Ausschüssen (Prytanien)
die Landesteile Attikas gleichmäßig vertreten sind. Jeder der De-
men, der ca. 138 urbanen und ländlichen Distrikte, welche u. a.
durch Bürgerversammlungen auf lokaler Ebene Zentren kom-
munalen Lebens darstellen, ist zumindest mit ein paar Ratsherrn in der Stadt Athen ständig anwesend und in gesamtstaat-
liche Entscheidungen involviert.

Achtung vor der athenischen Ekklesie – teils mehr als vor dem
Rat – vermögen sogar jene Fälle zu vermitteln, in denen die Demokratie ihren eigenen Maßstäben nicht genügte. So wird der
brutale Vernichtungsbeschluß gegen den untreuen Bundesgenossen Mytiléne von der Mehrheit der Bürger (Thukydides
3,36,5) fast sofort als überstürzt und unreflektiert, auch in-
human empfunden und am Folgetag tatsächlich revidiert. Versagt geblieben ist ein solch glücklicher Ausgang dem Verfahren
gegen acht Feldherrn, denen man zur Last legte, nach der erfolg-
reichen Seeschlacht an den Arginusen (406) die Bergung der
Schiffbrüchigen aus den eigenen Reihen zugunsten der prestige-
und beuteträchtigen Verfolgung der Feinde vernachlässigt und
dadurch speziell den Tod der je 200 Mann starken Besatzung
jener 12 Schiffe verursacht zu haben, die, anders als weitere 13,
bei Ende des Gefechts noch nicht gesunken, sondern erst im Sin-
ken begriffen waren. Ob die Verurteilung sachlich berechtigt
war, können wir mangels neutraler und exakter Informationen
nicht mehr entscheiden. Daß sie formal schwere Mängel aufwies, steht dagegen außer Frage, nicht weniger jedoch, daß die
Schuld dafür nicht bei einem tobenden Mob lag. Dessen darf
man sich deshalb umso sicherer sein, weil unser Gewährsmann
Xenophon (*Hellenika* 1,7) eher anti- denn prodemokratischer
Tendenzen verdächtig ist. Wie der unkorrekte Beschluß letztlich
zustandekam – vielleicht wurde gar nicht die Bürgerschaft, sondern Verfahren oder Abstimmung manipuliert –, berichtet er befremdlich ungenau. Nicht verschwiegen wird jedoch, daß ein

ordnungsgemäßes Vorgehen lange die Mehrheit der Volksversammlung hinter sich hatte, die, anders als der Rat, eine hohe Resistenz gegen die massiv betriebene Stimmungsmache an den Tag legte.

Wenn die Ekklesie gelegentlich auch als Organ der Rechtsprechung fungiert, so ist dies nur nach modernen, nicht aber nach zeitgenössischen Maßstäben überraschend. Von den Griechen wird nämlich sehr klar empfunden, daß richterliches Urteilen eine Form öffentlicher Herrschaftsausübung darstellt, erwartet man doch von den Konfliktparteien, die Entscheidung der entsprechend der Verfassung mit dieser Aufgabe betrauten Person(en) anzuerkennen. Obwohl ein Gang zum Gericht nur bei einigen Delikten bindend vorgeschrieben ist, entwickeln bereits die Staaten der Archaik solche Einrichtungen. Für gravierende Vergehen sehen sie einzig dann die Chance, daß das Urteil auch von mächtigen Familien akzeptiert wird, wenn die führenden Adeligen insgesamt es fällen, weshalb oft der Adelsrat dafür herangezogen wird. Als Relikt der vordemokratischen Ordnung ist im klassischen Athen die gerichtliche Aufarbeitung der vorsätzlichen Tötung von Menschen aus der Bürgerschaft das Ressort des Areopag geblieben, dessen ca. 250 Mitglieder nun zwar beliebige Athener (S. 23), aber weiterhin Träger einer (zudem lebenslänglichen) *arché* (S. 18) sind. Sie bilden damit deshalb eine Ausnahme, weil alle übrigen einst als Richter tätigen *árchontes* die demokratietypische Entmachtung (S. 20) erfahren haben, deren Eigenart sie sogar besonders klar veranschaulichen. Während vorher die Inhaber hoher Ämter den Ausgang eines Prozesses festlegten, sind sie jetzt bloß dafür zuständig, das Verfahren durch formale Prüfung der Klage, deren Publikation per Aushang und die Leitung der Beweisaufnahme erstens vorzubereiten, dem Gericht zweitens zu präsentieren sowie drittens dessen Entscheid zu verkünden. Das Urteil selbst spricht jedoch der demokratische Souverän, das Volk. Es bedient sich dafür aus praktischen Erwägungen nicht der Ekklesie, sondern einer Institution, die als einzige auf genau derselben Ebene wie die Bürgerversammlung steht und mit der Vollmacht, Volk zu sein, handelt. Die Gerichtshöfe (*dikastéria*) in der Größenordnung von

meist 201, 401 oder 501 Personen werden aus 6000 pro Jahr
ausgelosten und vereidigten Athenern durch nochmalige Lo-
sung gebildet, wobei, wie beim Rat, auf eine Vertretung ganz
Attikas geachtet ist. Im 4. Jh. wird die Prozedur soweit perfek-
tioniert, daß Beeinflussung oder Bestechung der Richter/Ge-
schworenen ebenso wie Cliquenbildung absolut ausgeschlossen
ist.

Zur selben Zeit gewinnt sie auch eine gewisse Relevanz für
die Gesetzgebung. Zwar findet bei Anträgen, die eine Änderung
des geltenden, seit ca. 399 gesammelt vorliegenden Rechts
anstreben, weiterhin zunächst eine Debatte der Ekklesie statt.
Eine Revision nimmt sie jedoch nicht mehr selbst vor, sondern
überweist in einem solchen Fall den Vorgang an die neue Institution der Nomotheten, wo das weitere Verfahren prozeßförmig
abläuft. Mit dem Antragsteller als Ankläger, fünf von der Ekklesie bestimmten Männern als Verteidigern des alten Gesetzes
werden die Argumente nochmals von Bürgern auf ihre Stichhaltigkeit geprüft, die wie ein Gerichtshof – meist 501 oder 1001
Mann stark – aus den 6000 Richtern des Jahres ausgelost wurden. Die auffällige Regelung dürfte als Versuch zu interpretieren
sein, zwei gleichermaßen wichtige Bedürfnisse in ein ausgewo-
genes Verhältnis zu bringen und das Recht zu einem reformfähi-
gen, aber zugleich stabilen System zu machen, das durch eine
überschaubare Zahl von Neuerungen für jedermann trans-
parent und in sich einheitlich bleibt.

Daß der letztgenannte Punkt ebenfalls als dezidiert demokratisches Anliegen empfunden wurde, verdeutlichen Texte, die
Rechtsstaatlichkeit als wesentliches Element dieser Verfassung
thematisieren (z. B. Aischines 1,4 f.; Demosthenes 24,34 ff.; 59;
75 f.; 19,296 f.; 23,86; 21,207). Der Gedanke läßt sich logisch
aus den Kernprinzipien der Demokratie ableiten, indem etwa
die Gleichheit eine Gleichbehandlung vor Gericht, das spezi-
fische Herrschaftskonzept einen Anspruch darauf einschließt,
daß die Herrschaft nach allgemein bekannten Regeln ausgeübt
wird. Die Möglichkeit einer alternativen Begründung rechts-
staatlicher Standards wird davon nicht berührt, so daß zwar
nicht jeder Rechtsstaat eine Demokratie, jede Demokratie je-

doch ein Rechtsstaat sein muß. Für Athen sind eine Reihe entsprechender Einzelmaximen und konkrete Maßnahmen zu ihrer Realisierung zu fassen, so etwa: – keine Anklage ohne Bezug zu einem Gesetz, das bereits zum Zeitpunkt der Tat gültig war; – keine erneute Strafverfolgung wegen desselben Delikts nach einem Freispruch; – keine Aussagepflicht für den Beschuldigten und nahe Angehörige; – keine Verwendung von Beweisen, die nicht schon in der Voruntersuchung vorgelegt wurden und daher den Parteien rechtzeitig bekannt waren; – üblicherweise keine Erlaubnis, Hörensagen oder Anschuldigungen einzubeziehen, die nicht direkt mit dem Gegenstand der Verhandlung zusammenhängen. Zum Verfahren vor einem unparteiischen Gericht ist die Allgemeinheit als Publikum zugelassen; beide Seiten erhalten exakt die gleiche Zeit, ihren Standpunkt zu vertreten, und sind sich auch dadurch ähnlich, daß eine Staatsanwaltschaft ebensowenig existiert wie staatliche Ermittlungsbehörden.

Die Athener unterteilten Prozesse vielmehr in zwei Kategorien. «Klagen in eigener Sache» werden als Ersuchen um einen Ausgleich für das erlittene Unrecht vom Geschädigten selbst bzw. dessen Rechtsnachfolger (bei Tötungsdelikten) oder Rechtsvertreter (bei Minderjährigen, teilweise bei Frauen, vgl. S. 91) angestrengt und stehen auch in Athen ansässigen Nichtbürgern offen. Daß Kläger und Beklagte ihre Sache persönlich vortragen, haben sie mit dem zweiten Typus gemeinsam. Die «öffentlichen Klagen» sind jedoch durch eine andersartige Zielsetzung zu definieren und einem anderen Personenkreis vorbehalten. Der Kläger nimmt sich hier nämlich stets fremder Interessen an, sei es, daß er für Opfer aktiv wird, die sich selbst nur schlecht oder gar nicht wehren können, wie z. B. das Mündel gegenüber dem Vormund, sei es, daß er die Gemeinschaft vor Gefahren, so z. B. dem Zorn des Geistes eines gewaltsam Getöteten, der keine oder pflichtvergessene Erben hat, bewahren will, sei es auch, daß er an den Schutz der Verfassung denkt, indem ihr zuwiderlaufende politische Aktionen unterbunden (S. 57) oder bestimmte Straftaten, in denen sich auch ein eklatanter Verstoß gegen Verfassungsprinzipien sehen läßt (S. 90 f.), als sol-

cher geahndet werden sollen. Statt persönlicher Betroffenheit ist
dazu der Bürgerstatus zwingend erforderlich und macht «jeden
Athener, der will» zum Klageberechtigten und Adressaten ein-
schlägiger Gesetze. Während erste Ansätze zur Popularklage
schon bei Solon auftreten, geht sie bei Normenkontrollverfah-
ren ganz auf die Demokratie zurück, die hier, nicht anders als
bei fast allen «Klagen in eigener Sache» (vgl. S. 77), mit Ge-
schworenengerichten arbeitet. Deren Größe bietet eine recht gute Gewähr, daß Sym- und Antipathien einzelner ebensowenig
ins Gewicht fallen wie Extrempositionen und das Urteil in der
Regel der gängigen Rechtsauffassung bzw. einem verbreiteten
Verfassungsverständnis entspricht. Ob dabei die Altersstruktur
der Dikasterien, deren Mitglieder mindestens 30, nicht wie die
Teilnehmer der Ekklesie 18/20 sein mußten, zu einer graduellen
Verzerrung führte, ist kaum zu entscheiden.

Sicherer dagegen ist der Zusammenhang zwischen der Vielzahl der Richter und einer Eigenart des athenischen Rechts, die
es scharf vom römischen und dessen Traditionsstrang in die
Moderne abgrenzt. Für Staaten wie Rom, wo der Magistrat
als einzelner eine große Rolle in der Judikative spielte, war es
ein Desiderat, Verordnungen detailliert auszugestalten, da sich
nur so rein individuellen Interpretationen vorbeugen ließ. In
einem typischen Katalog verfügt etwa das Edikt der Ädilen, daß
«kein Hund, Keiler, Eber, Wolf, Bär, Panther, Löwe oder ein anderes gefährliches Tier, weder frei noch zu wenig wirkungsvoll
angebunden, an öffentlichen Straßen gehalten werden dürfe»
(*Digesten* 21,1,40–42). Demgegenüber war es nicht Unvermö-
gen, sondern die andere Struktur ihrer Gerichtsbarkeit, welche
die Athener des 5./4. Jh. bewog, in Gesetzen nur eine generelle
Norm festzuschreiben und es den Parteien und den Geschworenen zu überlassen, eine Verbindung zwischen dem allgemeinen
Rechtssatz und dem konkreten Einzelfall herzustellen. Das Vortragen und Abwägen von Argumenten gemahnt nicht zufällig
an die Ekklesie. Damit aber deutet sich bereits an: Die Pnyx ist
nicht der einzige Ort, wo die Demokratie zuhause war.

## III. Wie man demokratisch lebt

### 1. Das alltägliche Treiben

Ob die Demokratie neben einer Regierung- eine Lebensform sei, ist seit dem 19. Jh. gefragt und bis heute unterschiedlich beantwortet worden. Für die Griechen hat sich das Problem nicht gestellt – weil der Bezug zum Alltag selbstverständlich war. Bereits gezeigt wurde, wie die demokratischen Maßstäbe für politisches Handeln automatisch auch Person und Existenz des einzelnen prägten, wie sie zur «befehlsunabhängigen Lebensweise» (S. 55) führten und «in besonderem Maß Menschen von vielerlei verschiedener Art» (S. 56) hervorbrachten, aber ebenso für die Möglichkeit, «ganz frei, geachtet und im Bewußtsein der eigenen Würde immer geradeaus zu gehen» (S. 55), und für die Entfaltung individueller Talente samt deren Nutzung im Beruf (S. 32) verantwortlich sind.

Daß der Informationsgehalt antiker Quellen damit noch nicht ausgeschöpft ist, dokumentieren für Athen zahlreiche Texte. Nicht zuletzt der private Umgang miteinander – damit der Verhaltenskodex und die Verhaltensweisen der Stadtbewohner – erscheinen den Zeitgenossen für die Verfassung höchst charakteristisch. So stuft der Kritiker Platon die Demokratie auch, wenn nicht sogar vorrangig als eine Gesellschaftsseuche ein, die sich «unbemerkt in die Privathäuser einschleicht» und sämtliche zwischenmenschlichen und sozialen Beziehungen infiziert (*politeia* ab 562b). Gleichfalls Teil einer Beschreibung der Hauptmerkmale von Athens politischer Ordnung ist die Haltung zum Mitmenschen, «dem Nächsten» bei Thukydides. Ausdrücklich nennt er «das alltägliche Treiben», das hier von repressiver Sozialkontrolle freibleibe, indem jeder darauf verzichte, durch Unmutsäußerungen über die Vergnügungen eines anderen psychologischen Druck auszuüben (2,37,2/3). Daß Skizzen dieses Typs verallgemeinern, daß wahrscheinlich nur die Mehrzahl, nicht aber alle Athener die Regel nicht immer, sondern bei den meisten Gelegenheiten befolgten, heißt nicht, daß die Beobachtungen ohne Bezug zur Wirklichkeit sind. Zweifel daran kann ein weiterer Auftritt des «Nächsten» beseitigen. In einem Plädoyer bei einer öffentlichen Klage bricht Aischines nämlich seine Ausführungen zu sexuellen Verfehlungen des Ktesiphón rasch mit dem Hinweis ab, er habe bereits früher erlebt, daß Leute gehaßt würden, die allzu pedantisch über die Schandtaten ihrer Mitmenschen berichteten (3,174).

Wie in den zitierten Passagen läßt sich der Einfluß der Demokratie konzentriert auf zwei Schwerpunkte analysieren. Ehe man sich mit *politeia* 562b ff. der Umgestaltung gesellschaftlicher Rollen und Hierarchien sowie dem Übergang von einer traditionalen zu einer ‹modernen› Gesellschaft zuwendet, sollte zunächst die Veränderung von Normen und Sozialpraktiken ohne einen genuin gruppenspezifischen Akzent betrachtet werden. Dabei ist eine Vorbemerkung am Platz. So lohnt es, sich bewußt zu machen, daß «moralische Grundsätze» und «Sitten»/«Bräuche» im Griechischen denselben Namen (*éthos*/Mehrzahl: *éthe*) haben, man also bei ersteren damit rechnet, daß sie in nennenswertem Umfang tatsächlich gelebt werden, und bei letzteren erkennt, daß in ihnen nicht zuletzt das Wertesystem einer Gesellschaft zutagetritt. Als typisch demokratisch werden einige der ideellen wie realen Verhaltensmuster angesprochen mit Formeln wie ‹die Normen der Verfassung, das Ethos der Stadt, der in Athen herrschende Geist› (Demosthenes 22,57; 24,171) oder ‹eure, d. h. der Demokraten Sitten› (so die fälschlich Demosthenes zugeschriebene Rede gegen Aristogeíton 1,90). Dem antiken Wortgebrauch recht nahe kommt «das Ethos» als «Stil der Gesellschaft», das in der modernen Politikwissenschaft in Definitionen der sogenannten gesellschaftlichen Demokratie auftaucht, welche inhaltlich im übrigen von Athen her Impulse empfangen könnten. So wichtig nämlich die «Gleichheit der gegenseitigen Schätzung» und der «gleiche Wert, den die Menschen einander zuschreiben» (Sartori unter Bezug auf J. Bryce) als Teil des in den Alltag einströmenden «‹Geistes› der Demokratie» sind, so ist doch die Gleichheit nicht das einzige Prinzip des Systems, das jenseits der Politik wirksam zu werden vermag. Dies gilt vielmehr für all seine Grundgedanken, die dabei teils einzeln, teils auch gemeinsam anzutreffen sind.

Daß unter den neuen Regeln gerade der andersartige Umgang mit Regelverstößen einen prominenten Platz einnahm, erahnt man schon bei Aischines. Ausführlich setzt sich die Rede gegen Aristogeíton mit dem Gegenstand auseinander und läßt den Grund für den Unmut, den Aischines seitens seiner Mitbürger befürchtet und in anderen Fällen beobachtet hat, noch klarer hervortreten. Neben der Einmischung in einen Bereich, den man als privat ansieht (vgl. S. 64), wird den Leuten, die sich über die Schandtaten des «Nächsten» verbreiten, die hinter ihren Tiraden stehende Attitude verübelt. Es geht um die Haltung eines Sittenrichters, der einzelne Vergehen zum Anlaß nimmt, um sich selbst als ‹anständiger› Mensch über den ‹unanständigen› erhoben und als schlichtweg besser und wertvoller zu fühlen. Und es geht darum, daß das demokratische Athen ihm jenes gesellschaftliche Forum versagt, das etliche Epochen ihm bereitwillig gewähren. In einer Variante der Situation scheint es Demosthenes sogar in der heftigen, auf die persönliche Ebene übergreifenden Auseinandersetzung mit Aischines geraten, die Behauptung, «besser und von besseren Leuten abstammend» zu sein als der Gegner, eiligst zu der Aussage umzuwandeln, er sei «nicht schlechter als der Durchschnitt», und die Korrektur damit zu begründen, er wolle «nichts sagen, was Anstoß errege» (18,10).

Diese durchschnittlichen Menschen mit moralischen Forderungen in Einklang zu bringen, die sich zwangsläufig immer am jeweils idealen Verhalten orientieren, ist in vielerlei Hinsicht das, was die Athener bei der Handhabung von Verfehlungen versuchen. «Menschlichkeit» (*philanthropía*) lautet das Schlagwort, das in der Rede gegen Aristogeíton das Thema eröffnet und in adverbialer Gestalt in der Verbindung «familiär und menschlich» als Resumee am Ende steht (1,87–90). Dazwischen gerät die Unterschiedlichkeit der Individuen, die ihnen die Erfüllung der Normen unterschiedlich schwer macht, ebenso in den Blick wie ein Lösungsmodell. Von allen Mitgliedern der Gesellschaft erwartet wird nicht völlige Konformität mit der gängigen

Moral oder stete, letztlich wohl über- oder unmenschliche Perfektion, sondern wechselseitiger Respekt. Wer gegen einen Grundsatz verstößt, ist daher gehalten, auf die provokative Inszenierung des Tabubruchs und damit darauf zu verzichten, diejenigen, denen das Gebot wichtig ist, als dümmliche Biedermänner herabzusetzen und sie in ihren Gefühlen zu verletzen; wer dennoch Zeuge einer solchen Handlung wird, soll es sich versagen, daraus ein Werturteil über die gesamte Person des Täters abzuleiten oder sich ihm gegenüber als der edlere Mensch aufzuspielen. Da der Gegenstand der Analyse ethische Maximen mit rein persönlichem Bezug (maßvolle Lebensweise usw.) sind, keine Straftaten, ist auch der Verzicht auf Sanktionen stimmig. Selbst in der Anwendung der Gesetze freilich konstatiert Demosthenes ein nicht unähnliches Phänomen. Bei Verschleppung der Zahlung einer der öffentlichen Kasse geschuldeten Geldsumme rechneten die Athener nicht damit, daß die rechtlichen Möglichkeiten voll ausgeschöpft und eine Inhaftierung angeordnet würde. Sie verließen sich auch hier darauf, jener wohlwollenden Grundeinstellung zu begegnen, die außer als «Menschlichkeit» vor allem unter den Namen «Milde»/«sanfte Gelassenheit», «Mitleid» und «Nachsicht» auftaucht und von Demosthenes eine höchst beachtenswerte Einstufung erfährt. Sie scheint ihm als der Faktor auf der Hand zu liegen, der dafür den Ausschlag gibt, daß jemand lieber in einer Demokratie als in einer Oligarchie leben möchte (22,51).

Mit Demosthenes läßt sich das Potential des «Ethos» noch etwas genauer bestimmen. Wie etliche Autoren meint er gelegentlich, die Athener davor warnen zu müssen, ihre Großzügigkeit könne ausgenutzt werden. Bedeutsamer freilich ist eine andere Stelle (22,56 f.). An ihr kommt das Schicksal von Sinópe und Phanostráte zur Sprache, zweier «Menschen, die Prostituierte waren», und damit am Rande der Gesellschaft standen. Daß Anteilnahme und Achtung solchen Frauen gegenüber in viel geringerem Maß eine Selbstverständlichkeit darstellten als gegenüber ‹soliden› Leuten, ist dem Ankläger des Steuereintreibers Androtíon (S. 58) vollauf bewußt. Er rechnet denn auch damit, daß die Dirnen einigen Geschworenen, trotz der widerrechtlichen Pfändung ihres Vermögens, spontan als «völlig passende Opfer» erscheinen. Nicht weniger – und hier beginnt nach der negativen die positive Bilanz – sieht er jedoch Chancen, diese Haltung mit ein paar Worten zu ändern, und fürchtet nicht, seiner Sache zu schaden, wenn er für die Freudenmädchen «die Gesetze und Normen der Verfassung» bemüht, denen der Gedanke des «völlig passenden Opfers» fremd sei, nicht aber Mitleid und Nachsicht, das gerade Schwachen (vgl. 24,171) nicht vorenthalten werde.

Mit der Demokratie zu verbinden ist auch ein Komplex von Phänomenen, den die moderne Sozialwissenschaft als typisch für den Übergang von einer traditionalen zu einer modernen Gesellschaft einstufen würde. Besonders signifikant ist das Verschwinden einer spezifischen Rollenverteilung zwischen den Generationen. Kurz skizziert weist jene Praxis, die von Kritikern der Demokratie vermißt wird, zwei miteinander verknüpfte Elemente auf. Einerseits sieht sie für das Alter ein besonderes Prestige vor, das allein aus der hohen Zahl an Jahren resultiert. Im politischen System kann sie dazu führen, daß wichtige Positionen erst betagten Männern offenstehen, die gegenüber den jungen Kämpfern oft den Part weiser Ratgeber einnehmen. Jüngeren Leuten ist bei Versammlungen, zu denen sie Zutritt haben, erst an zweiter Stelle oder überhaupt nicht gestattet, sich zu Wort zu melden. Auch in Athens Ekklesie scheinen ursprünglich die über Fünfzigjährigen als erste zur Diskussion aufgerufen worden zu sein. Damit deutet sich bereits die andere Seite einer derart strukturierten Gesellschaft an. Sie besitzt in der Ehrerbietung vor dem Alter nicht nur klare Vorstellungen davon, wie sich ihre jüngeren Mitglieder zu benehmen hätten, sondern ebenso solche über das Betragen der geehrten Alten selbst. Von ihnen erwartet sie bei Erreichen dieses Status einen deutlichen Wechsel im Gebaren, das in der Regel dann ‹würdevoll› zu sein hat.

Demgegenüber bietet das demokratische Athen ein wesentlich anderes Bild. Von den Quellen häufig thematisiert wird die Tatsache, daß junge Athener, noch «bartlos», d. h. grob gesagt unter Dreißig, mit Aussicht auf Erfolg in der Ekklesie als Dis-

*Abb. 6: Darstellung diskutierender Bürger verschiedenen Alters auf einem Gefäß, das sich heute im Fitzwilliam Museum/Cambridge befindet.*

kussionsteilnehmer oder Antragsteller auftreten. Daß ein rotfiguriges Gefäß attischer Produktion (*Corpus Vasorum Antiquorum, Großbritannien* 272) eine politische Debatte zwischen zwei Bürgern zeigt, rechts den jüngeren «bartlosen» und den älteren mit vollausgebildetem Kinnschmuck und Knotenstock links, scheint mir möglich, zumal die Szene keinerlei Indizien dafür enthält, sie als das verbreitete Motiv des Liebeswerbens eines Erwachsenen um einen Jugendlichen zu deuten. Das Gespräch zwischen den Generationen – hier außerhalb der Politik – sticht auch Isokrates und Platon ins Auge. Ersterem gibt es Anlaß zur Träumerei von jener guten Vergangenheit, als einem Älteren zu widersprechen noch derart verpönt war wie in der Gegenwart die Mißhandlung der Eltern (7,49; vgl. S. 91 f.). Platon, der ein neues Verhalten von «Jung» wie «Alt» bemerkt, lehnt die Entwicklung ebenfalls ab. Seine Skizze ist folglich wie das Urteil des Isokrates nicht neutral. So bedient sie sich beispielsweise des (auch bei Oligarchieanhängern) beliebten

Tricks, den Erwerb von «Gleichberechtigung» und «Freiheit» durch eine bislang untergeordnete Personengruppe zu einem Rollentausch zu verzerren, bei dem die vormals Privilegierten sich ihrerseits ängstigen müßten und sich bestenfalls noch dem Zeitgeist beugen und an die jetzigen Machthaber anbiedern könnten. Aufschlußreich ist diese Kritik darin, daß sie nebenher die unschöne Seite der traditionellen Verhältnisse enthüllt, bei denen «Ehrfurcht» – anders als der wechselseitige Respekt der Demokratie eine einseitige Forderung – «Furcht» vor dem Höherrangigen einschließt; aufschlußreich genauso darin, daß sie auf strukturelle Gemeinsamkeiten zwischen der Bevorzugung einer Altersklasse und dem Oligarchiemodell hinweist. In beiden Fällen werden nämlich «die anderen» (Jungen/Armen) nicht individuell getestet und bewertet, ihre Meinung gar nicht angehört, vielmehr von vornherein dem Kollektiv bestimmte Fähigkeiten, z. B. politische Vernunft abgesprochen. Daß Platons Text den Grund für den Verzicht «der Alten» auf distanzierte Distinguiertheit und ihre Bereitschaft, von gleich zu gleich mit «den Jungen» zu verkehren, korrekt wiedergibt, kann daher bezweifelt werden. An Lebendigkeit läßt seine Beschreibung allerdings nichts zu wünschen übrig: «Alles in allem: Die Jungen stellen sich den Älteren gleich und wetteifern mit ihnen in Worten und Taten; die Alten aber, die mit den Jungen zusammensitzen, sind voll gewandtem Witz und aufgeschlossenen Scherzen, womit sie die Jungen nachahmen, damit sie nicht für mürrisch und herrisch gehalten werden» (*politeia* 563a/b). Übertroffen wird diese Ungeheuerlichkeit in Platons Einschätzung nur noch von Veränderungen im Umgang mit den «gekauften Männern und Frauen» und im Verhältnis der Geschlechter.

## 2. Die Sorge des Gesetzgebers

«Jemandem von den Bürgern oder den Bürgerinnen die Erwerbstätigkeit auf der Agora zum Vorwurf machen» (Demosthenes 57,30)

«Jemanden demütigen, sei es ein Kind oder eine Frau oder einen Mann, sei es jemanden von den Freien oder von den Sklaven» (Demosthenes 21,47; Aischines 1,15)

Es sind diese beiden Handlungen, bei denen die Athener sich nicht mit gesellschaftlicher Mißbilligung begnügten, sondern die Möglichkeit zu einer Klage schufen. Daß sie damit auf spezielle Probleme in ihrer täglichen Umgebung reagierten, wird unmittelbar einsichtig, wenn man sich das Verbot der Schmähung arbeitender Staatsangehöriger in unsere Gegenwart versetzt denkt, wo es einem deshalb befremdlich vorkommt, weil niemand sich mit solchen Beschimpfungen konfrontiert sieht. Abhängig sind die zwei Gesetze, mit denen zum einen die Demütigung eines Mitmenschen und zum anderen die verbale Attacke auf ein Mitglied der Bürgerschaft aufgrund von dessen öffentlich ausgeübter Erwerbstätigkeit zu Straftaten erklärt werden, aber auch vom politischen System: Daß sie direkt mit der Demokratie zu tun haben, wird ihre genauere Analyse zeigen.

Eröffnen läßt sich ihre Betrachtung mit einem Witz. Der Zufall der Überlieferung hat nämlich dafür gesorgt, daß für das heutige Publikum der erste Auftritt der sogenannten Hybris-Klage ein komischer ist, eine einzeilige Miniaturrolle in den *Vögeln* des Aristophanes (Vers 1046). Bedauerlich braucht man dies schon deshalb nicht zu finden, weil es außer Frage stellt, daß im Jahr 414, dem Aufführungsdatum des Stücks, die Bestimmung sowohl hinreichend bekannt und aktuell wie hinreichend akzeptiert war, daß der Scherz funktioniert: Ein zeittypischer Athener wird dabei überspitzt dadurch charakterisiert, daß er, nachdem er verprügelt wurde, dem Angreifer pathetisch mit einer Anzeige wegen «Demütigung» droht – in modernen Bezügen hieße das, «die Verletzung seiner Menschenwürde» reklamiert.

Das fragliche Vergehen, von dem der in Gerichtsreden überlieferte Gesetzestext wörtlich als «seinen Hochmut gegen jemanden wenden», «jemanden seinen Hochmut zu fühlen geben» spricht, im Deutschen mit «demütigen» zu übersetzen, erfaßt den Grundgehalt des Vorgangs als den einer massiven intentionalen Herabwürdigung, die das Opfer weit schwerer trifft als eine einfache Beleidigung in Wort oder Tat, des weiteren das Faktum, daß er mit einer Vielzahl anderer Widerrechtlichkeiten gekoppelt sein kann. Hinzu kommt freilich eine Nuance, die das

Griechische, indem es sein Augenmerk auf das Motiv des Täters richtet, deutlicher zum Ausdruck bringt. So liegt das Delikt in Reinform dann vor, wenn jemand aus dem puren Vergnügen an der Erniedrigung eines anderen heraus handelt und sich dadurch, in einem psychologischen Mechanismus, den Aristoteles (*Rhetorik* 1378b) scharfsichtig beobachtet, ein Gefühl von Überlegenheit und Macht verschafft, den Mitmenschen zugleich in einem weiten, nicht eingeschränkt sexuellen Sinn zum Lustobjekt degradierend. Demgemäß unterstreicht ein Plädoyer aus einem realen Fall, der Angeklagte habe einen Spaziergänger nur deshalb zusammenschlagen lassen, um sich vor seinen Zechkumpanen zu produzieren, und den schwerverletzt bereits hilflos am Boden Liegenden noch in der übelsten Weise verhöhnt (Aríston gegen Kónon, Plädoyer verfaßt von Demosthenes, Nr. 54). Nicht in die Kategorie mutwilliger Übergriffe fällt üblicherweise die Revanche am Verursacher selbsterlittener Kränkung sowie körperliche Züchtigung als Maßnahme der Bestrafung, soweit sie bei Personen angewandt wird, bei denen sie, wie bei minderjährigen Kindern seitens der Eltern und bei Sklavinnen und Sklaven, als statthaft gilt. In welcher Form «Demütigung» auch Unfreien gegenüber erkannt wird, lehren erneut die Ausführungen Arístons. Er sieht den Tatbestand dadurch erfüllt, daß seine Sklaven, die ihn während seines Rekrutendienstes in die attische Grenzfestung Pánakton begleiten, bei der Zubereitung seiner Mahlzeiten, d. h. in Ausübung ihrer Pflicht, von einigen Kameraden immer wieder mit Fäkalien bespritzt und beworfen werden. Daß er mit seiner Beschwerde beim Kommandanten des Forts, der in dieser Zeit sein Gerichtsherr ist, Erfolg hat, zeigt, daß er mit seiner Einschätzung der Sachlage nicht allein steht.

Auf schärfere Grenzen zugunsten der Sklaven stößt schon der «Alte Oligarch» (S. 30). Ob es bereits die Angst vor einer Hybris-Klage oder noch rein gesellschaftliche Kontrollen sind, die Leute seines Typs um 420 davor zurückschrecken lassen, Sklaven zu schlagen, wenn sie ihnen ihrer Meinung nach auf der Straße nicht oder nicht schnell genug Platz machen (1,10), erlaubt der Text leider nicht zu entscheiden. Was er jedoch sichtbar macht, ist der Hintergrund, vor dem der Rechtsbehelf gegen «Demütigung» im allgemeinen wie die ausdrückliche Einbeziehung der Sklaven besser verständlich wird. Letztlich ist es nämlich «das Volk» ebenso wie die freie und unfreie Bevölkerung ohne Bürgerstatus, von denen sich der Autor des Pamphlets mehr Hochachtung erwarten und, wenn er könnte, mit Gewalt erzwingen würde. Letztlich haben es die ärmeren Athener bei ihm und seinesgleichen mit Männern zu tun, in deren Augen sie minderwertig sind und entsprechend behandelt werden dürften. Dieser Punkt ist ihnen mit den Sklaven unabhängig davon gemeinsam, ob die Gegenseite sie diesen vollends gleichsetzt oder graduelle Abstufungen vornimmt. In einem bezeichnenden Beispiel taucht in Platons Skizze der demokratischen Gesellschaft die erweiterte Freiheit «der gekauften Männer und Frauen» auf als «das Äußerste an Freiheit des gewöhnlichen Volkes» (*politeia* 563b). Optisch schlechterdings ununterscheidbar findet der «Alte Oligarch» beide Gruppen, was ihn zu einer Überlegung veranlaßt, die für das Hybris-Gesetz von Interesse sein könnte. Bei der skizzierten Ausgangslage besteht tatsächlich der beste Schutz für die ärmeren Bürger darin, daß sie auch die Sklaven vor «Demütigung» schützen. Daß sich die Motivation auf solch pragmatische Gründe beschränkt, ist damit nicht gesagt.

Mit der Demokratie verbunden wird die Hybris-Klage in nahezu allen Zeugnissen. Sollte die Bestimmung wirklich, wie einige heutige Forscher glauben, auf eine ältere Wurzel zurückgehen, so hat sie jedenfalls in klassischer Zeit eine derart grundlegende Neuinterpretation und Neugestaltung erfahren, daß der Unterschied zur These, das Gesetz sei erst jetzt entstanden (so als ausgezeichneter Kenner des archaischen Rechts Eberhard Ruschenbusch), nur geringfügig ist. Wenn Demosthenes es als «verfassungswidrig» (21,183), «nicht verfassungskonform» und Verletzung der Polis nicht weniger denn des Opfers (21,45 f.) einstuft, jemanden zu behandeln, als sei er gar kein Mensch (21,101) oder zumindest kein gleichwertiger (S. 49), wenn Aischines urteilt, «wen auch immer zu demütigen» stünde Mitgliedern einer demokratisch geordneten Gemeinschaft nicht an (1,17), dann sind das durchaus repräsentative Aussagen. Das

Verfahren als «öffentliches» (S. 79) zu konzipieren, war demnach völlig konsequent, brachte jedoch für Geschädigte, die selbst vor Gericht zogen, einige Nachteile, so daß sie sich im allgemeinen für Privatklagen wegen «Beleidigung mittels Tätlichkeiten» oder Ähnliches entschieden, jedoch nicht darauf verzichteten, die «Demütigung» als erschwerenden Umstand in ihrem Plädoyer zur Geltung zu bringen. Auf diesem Weg reduzierten sie ihr Risiko (S. 58) und erreichten zudem, daß Bußgelder ihnen und nicht der Gemeinschaft gezahlt wurden. Sklavinnen und Sklaven blieben in beiden Varianten Personen, die, wie es Kallikles bei aller Polemik treffend umschreibt, «Unrecht (!) erleiden, ohne sich selbst oder anderen helfen zu können» (Platon, *Gorgias* 483b). Allerdings ermöglichte die öffentliche Klage es jedem beliebigen Athener und nicht nur ihrem Herrn, sich ihrer Sache anzunehmen. Bei freien Frauen stellte sich die rechtliche Situation etwas anders dar. Sie waren wenigstens eingeschränkt geschäftsfähig und in Privatprozessen (vielleicht bis zu einem bestimmten Streitwert) selbst klageberechtigt, dürften allerdings meist dennoch die Vertretung durch einen Mann bevorzugt haben.

Frauen, nun konkret solche der Bürgerschaft, sind auch ein Gegenstand des zweiten Gesetzes, das einen klaren Bezug zur Demokratie Athens aufweist. Gestattet wird eine Privatklage wegen «Verbalinjurien»/«Beleidigung durch Worte» gegenüber dem, der «einem Bürger oder einer Bürgerin die Erwerbstätigkeit auf der Agora zum Vorwurf macht». Daß man sich zu dieser Regelung entschloß, ist umso auffälliger, als Athens Recht nicht jede Beschimpfung als Delikt wertete, eine Tendenz, welche die Demokratie durch den Gedanken der Redefreiheit sogar noch verstärkte. Juristische Maßnahmen sind sonst bloß dort zu ergreifen, wo das Ansehen Toter herabgesetzt, jemand in Ausübung einer öffentlichen Funktion verbal attackiert oder eine Äußerung getätigt wird, die geeignet ist, den Geschmähten sozial zu schädigen. Als «Mörder» oder «Deserteur» bezeichnet zu werden, muß sich niemand gefallen lassen, ebensowenig die Behauptung, er vernachlässige oder quäle seine betagten Eltern, da damit Zweifel an der Rechtmäßigkeit seiner politischen Teil-

habe geweckt werden. Für Söhne, die in einer ehelichen Verbindung gezeugt und dahingehend privilegiert waren, daß sie als
Mitglieder des *oíkos*, des «Hauses» galten und das Familienver-
mögen erbten, konnte es nämlich unter anderem zur Aberken-
nung der bürgerlichen Ehrenrechte führen, wenn sie Vater und
Mutter im Alter nicht versorgten, obwohl diese sich um sie als
Kinder angemessen gekümmert hatten.

Angesichts solchen Vergleichsmaterials ist zu überlegen, ob
sich hinter dem Gesetz zur «Erwerbstätigkeit auf der Agora»
noch mehr verbirgt als der Wunsch ärmerer Athener, auch gerichtlich gegen Leute vorgehen zu können, für die es ein Unding
ist, daß Händler oder Handwerker, geschweige denn Tagelöhner
zur Bürgerschaft zählen (vgl. S. 31/55). Auf eine andere Dimension deutet tatsächlich das Plädoyer hin, in dem das Gesetz pa-
raphrasiert wird. In der Rede protestiert ein Mann namens
Euxítheos gegen seine Streichung aus der Bürgerliste, die der
verklagte Amtsinhaber Euboulídes offenbar durch Einwände
gegen den Bürgerstatus von Euxítheos' Eltern zu rechtfertigen
gedenkt. Bei der Mutter stützt er seine Bedenken dabei darauf,
daß sie bezahlter Arbeit außer Hauses nachgeht. «Der Bürgerin
ihre Erwerbstätigkeit auf der Agora zum Vorwurf zu machen»,
kann demnach beinhalten, ihre Zugehörigkeit zur Bürgerschaft
in Frage zu stellen, was ihre Kinder demselben Zweifel aussetzt
(vgl. S. 97) und gewiß dazu angetan ist, sozialen Schaden an-
zurichten. Daß gerade der weibliche Teil der Gruppe relativ
leicht zu verleumden war, hängt damit zusammen, daß sein Status nach außen nur bei seltenen Gelegenheiten sichtbar wurde.
Daher liegt es nahe, daß Klischees an Einfluß gewinnen. Das
Leitbild vieler Athener (ob der Athenerinnen, bleibt reine Spe-
kulation) war dabei ein Ehepaar, bei dem der Mann allein
den Lebensunterhalt der Familie zu erwirtschaften vermag, die
Frau nicht gegen Entgelt arbeitet noch sich in die männlich dominierte Öffentlichkeit begibt.

Der Prozentsatz der Demokraten, die sich in der Akzeptanz
männlicher Berufstätigkeit von den Oligarchen unterscheiden,
nicht aber in Vorbehalten gegen weibliche Berufstätigkeit,
scheint nicht gering gewesen zu sein. Dennoch unterstreicht die

Betrachtung der «Erwerbstätigkeit der Bürgerin» nicht die Gemeinsamkeit, sondern den Kontrast der Systeme. In der Demokratie, wo Ärmere auf den Verdienst der Frauen angewiesen sind, wird sie eigens geschützt. Ganz anders die Beispiele aus dem nichtdemokratischen Bereich. Hier gibt es nicht nur strenge Auflagen für öffentliche Auftritte der weiblichen Mitglieder der Führungsschicht, nicht nur Kontrollbehörden, die Gynaikonomen, die diese überwachen und die Aristoteles sowohl aus Prinzip – «Zu leben, wie man will» – als auch aus pragmatischen Gründen in einer Demokratie für undenkbar hält, hätten die Armen doch keine Sklaven und seien daher genötigt, Frau und Kind wie jene Sklaven zu verwenden, welche den Herrn außer Hauses begleiten (*pol.* 1319b 27 ff.; 1300a 4 ff.; 1323a 3 ff.). Es gibt zudem mancherorts Verbote wie das von Menander Rhetor überlieferte (*Rhetores Graeci* 9,205). Einer Frau (*gyné*) wird darin untersagt, Kleinhandel zu treiben oder sich «mit einer anderen Marktsache» zu befassen.

Daß Zeitgenossen bei Frauen eine ausgeprägte Vorliebe für die Demokratie feststellen (z. B. Aristoteles *pol.* 1313b 37; 1319b 27 ff.), wird bereits jetzt nicht mehr allzu sehr verwundern.

### 3. Und was ist mit Frauen und Sklaven?

Heute ist es eine weitverbreitete Erkenntnis, daß mit der Stellung von Frauen und Sklaven Schwachpunkte der antiken Demokratie benannt sind. Diese Einschätzung ist insoweit völlig richtig, als beide Gruppen ebensowenig politisch partizipieren durften wie Ausländer mit Aufenthalts- und Arbeitsgenehmigung (Metoiken = «Mitbewohner»), wodurch der Anteil der politisch Berechtigten an der erwachsenen Gesamtbevölkerung in jedem Fall unter 50 % lag (vgl. S. 25). Nicht beseitigt hat die Demokratie auch das Patriarchat und die Sklaverei und damit Grundstrukturen der Gesellschaft, die in einem klaren Spannungsverhältnis zu ihren Prinzipien von Freiheit und Gleichheit stehen. Dennoch gibt es eine andere Seite des Themas. Da sie nicht im selben Maß allgemein bekannt ist, soll hier etwas näher auf sie eingegangen werden.

Vorauszuschicken sind ein paar Bemerkungen zu einer These, die meist eingeengt auf die Sklaven formuliert wurde und in dieser Form relativ leicht zu kritisieren und von der jüngeren Forschung mehrheitlich aufgegeben ist, allerdings dann an Gewicht gewinnt, wenn man sie auf die Frauen erweitert. In ihrer neuen Gestalt würde sie in etwa lauten: *Das Funktionieren der griechischen Demokratie ist davon abhängig gewesen, daß die Frauen der Armen und die Sklaven der Begüterten den Ausfall an Arbeitsleistung ausglichen, der durch die politische Tätigkeit der Bürger entstand.* Als Gegenargument genügt damit nicht länger der Hinweis, daß gerade das «Volk» häufig keine Sklaven besaß, wobei die Aussage als solche ganz korrekt und sofort verständlich ist, wenn man weiß, daß allein die Anschaffung einer unfreien Person ohne spezielle Fertigkeiten eine Summe zwischen 125 und 300 Drachmen erforderte, was nicht nur für Tagelöhner nahezu dem Jahreseinkommen entsprach. Andere Bedenken können freilich aufrechterhalten werden. So sollte man den Zeitaufwand für den Besuch der Volksversammlung nicht übersteigert sehen. Selbst falls ein Athener sämtliche Termine wahrnahm, war er meist bloß ein paar Stunden beansprucht, was beispielsweise einen Handwerker nicht hinderte, noch am selben Tag weiterzuproduzieren. Leute von außerhalb dürften die Anwesenheit in der Stadt mit Besorgungen und dem Verkauf ihrer Waren verbunden haben. Wichtig ist zudem die Tatsache, daß griechische Städte nichts kannten, was dem Sonntag als wöchentlichem Feiertag entsprach, so daß die Arbeit durch die Volksversammlung sogar weniger häufig ruhte als heute, bei einer Einbeziehung der Feste ungefähr in vergleichbarem Umfang. Besonders die Entlohnung der politischen Tätigkeit zeigt jedoch, daß man das System sicher nicht planmäßig und bewußt auf Ausbeutung aufbaute. Wahrscheinlich reichte die Zahlung für den Lebensunterhalt von zwei Erwachsenen und zwei Kindern aus. In jedem Fall jedoch läßt sich sagen, daß der Bürger als Empfänger des Tagegeldes denselben Beitrag zum Familieneinkommen leistete, wie wenn er einer einfacheren Berufstätigkeit nachgegangen wäre. Daß dort, wo eine Aufgabenteilung zwischen Mann und Frau erfolgte, die Vorgaben der patriarchalen

Gesellschaft, nicht individuelle Wahl oder Verhandlungen des Paars den jeweiligen Part festlegten, ist dagegen ein von der obigen Frage zu unterscheidendes Problem – und keineswegs nur eines der antiken Demokratie.

Ohne Auswirkungen auf die Gestaltung der Geschlechterrollen ist die *demokratía* freilich nicht geblieben. So lohnt es, daran zu erinnern, daß in dieser Ordnung Mitglieder der Bürgerschaft, nicht Angehörige verachteter Schichten dem traditionellen Muster rein gar nicht entsprachen, was in Athen in der Festschreibung der Ehrbarkeit öffentlicher Erwerbstätigkeit, unter ausdrücklicher Nennung der Frauen, politisch umgesetzt wurde (Näheres Kap. III.2). Doch auch in dem nach wie vor häufigen Schema *Frau im Innen-, Mann im Außenbereich* gibt es manch neuen Akzent. Als Ursache kommt speziell das Faktum in Betracht, daß die Demokratie den *oíkos*, das «Haus» als Quelle männlichen Prestiges unbrauchbar machte (vgl. S. 39). Damit leitete sie nämlich einen Rückzug der Bürger aus dieser Sphäre ein, der bei weitem vollständiger war als andernorts. Daß der freiwerdende Platz wirklich von den Ehefrauen besetzt werden konnte, wird deutlich, wenn man die Beschreibung ihrer Aufgabenfelder in archaischen Texten mit solchen aus dem klassischen Athen vergleicht. Im ersten Fall werden Wollarbeiten und die Beaufsichtigung des weiblichen Personals für erwähnenswert gehalten, in den Quellen der demokratischen Zeit statt dessen davon gesprochen, daß die Frau das Hauswesen unter freier Verfügung über Finanzmittel und sämtliche eventuell vorhandene Unfreie leite und solcherart eine Tätigkeit ausübe, die als eine intellektuelle und organisatorische dargestellt ist. Ihrem Zugriff entzogen sind allein größere Vermögenswerte wie Ländereien oder handwerkliche Betriebe, die ein Agieren in der Außenwelt und uneingeschränkte Geschäftsfähigkeit verlangten. In einer mit Bedacht gewählten Ausdrucksweise wird zur Benennung ihres Ressorts nicht der Begriff *oíkos*, der den gesamten Familienbesitz einschließt, sondern der Terminus *oikía* benutzt, womit das Haus als Wohn- und Wirtschaftsraum bezeichnet ist. Dieses sieht man allerdings so eng mit der Frau verbunden, daß von «ihrer eigenen *oikía*» (Platon, *Menon* 71e) ebenso die Rede sein

kann wie von der «Frauenherrschaft bezüglich der *oikía*», die
Aristoteles für demokratietypisch erklärt (*pol.* 1313b 34) und
die Platon, indem er die «Verwaltung» von *oikía* und *pólis* pa-
rallelisiert, mit dem politischen Treiben der Männer gleichstellt
(*Menon* 73a). Wenn jener Frau, die den gewandelten Anforde-
rungen vollauf zu genügen vermag, bescheinigt wird, «Denkart
und Denkfähigkeit eines Mannes» zu haben (Xenophon, *Oiko-
nomikós* 10,1), so trägt auch eine solche Wertung dazu bei,
einem für die Moderne naheliegenden Mißverständnis vorzubeugen. Für griechische Verhältnisse schreibt die Entwicklung
nämlich nicht einfach das weibliche Rollenmuster fort. Sie bein-
haltet vielmehr die Eroberung einer männlichen Domäne.

Der Staat, die Polis scheint dagegen unverändert, wenn nicht
stärker denn je ein reines Männerareal zu sein – freilich nur solange, bis man auf die «Bürgerin» (*polítis*) aufmerksam wird,
eine Vokabel, die uns oben (S. 91) bereits in einem offiziellen
Dokument begegnete und die in dem heute greifbaren Material
erstmals um 415 bei athenischen Tragödiendichtern auftaucht.
Daß es keine Selbstverständlichkeit war, ein weibliches Pendant
zum «Bürger» (*polítes*) zu konzipieren und von einer weiblichen
«Hälfte der Polis» zu sprechen, spiegeln Aristoteles' relativ aus-
führliche Erläuterungen zu diesem Punkt. Er hält es für erforderlich zu betonen, daß die politische Gemeinschaft (*politeía* =
Bürgerschaft und deren Ordnung) sich, genau wie die häusliche,
paritätisch aus zwei Teilen, der Menge der Männer und jener
der Frauen zusammensetze (*pol.* 1269b ab 15). In der modernen
Forschung ist der für Griechenland ungewöhnliche Befund gelegentlich einfach übersehen worden, was dazu führte, daß ihr
nur eine einzige Form der Wahrnehmung von Frauen, jene als
Angehörige der Familie, mit einem indirekten, über Väter, Brü-
der, Gatten, Söhne vermittelten Bezug zum Männerverband der
Bürger, in den Blick geriet. Es gab jedoch noch eine andere Sichtweise. Sie unterstrich die Zugehörigkeit der Frauen zur Bürgerschaft, nicht die zum «Haus», und wies ihnen eine als eigenstän-
dig formulierte Position im öffentlichen Bereich zu.

Daß «Bürgerin» keine inhaltsleere Formel ist, verdeutlicht ein
Faktum, das erneut als demokratietypisch gelten kann. Demo-

kratien entwickelten nämlich spezielle Regeln für die Weitergabe des Bürgerstatus von Generation zu Generation. Gemeinsam ist sämtlichen Varianten, daß die Mutter für die Staatsangehörigkeit eines Kindes nicht weniger wichtig ist wie der Vater. Während Athen in einem erstmals 451/50 verabschiedeten und nach einer zwischenzeitlichen Aufhebung 403 wieder in Kraft tretenden Gesetz relativ restriktiv die Abstammung von einem Athener und einer Athenerin vorschreibt, verfahren kleinere Städte oft großzügiger und lassen selbst eine Vererbung nur über die weibliche Linie zu, teilweise mit der Steigerung, daß ein Elternteil eine unfreie Person sein darf. In einem anderen Punkt herrscht sogar völlige Einigkeit. Eine eheliche Geburt ist zwar im Normalfall privatrechtlich (S. 92), nicht jedoch politisch von Belang. Uneheliche Nachkommen gehören daher dann zur Bürgerschaft, wenn ihre Herkunft die eben genannten Kriterien erfüllt (Aristoteles *pol.* 1278a 28–34; 1319b 9 ff.).

Weiterzudenken ist den Griechen klassischer Zeit möglich gewesen. Auffällig häufig greift das athenische Theater Fragen der Geschlechterbeziehung auf, wobei der Plot vom männlichen Autor meist dazu genutzt wird, vor einem wahrscheinlich gemischten, aber überwiegend männlichen Publikum im Sinne der Frauen Kritik an gesellschaftlichen Mißständen zu üben. Daß es immer nur bei Diskussionen, schlechtem Gewissen und Problembewußtsein geblieben ist, wird man sicher nicht behaupten wollen. Noch weiterzukommen, war schon deshalb schwierig, weil bereits die Teilhabe ärmerer Männer verteidigt werden mußte. Als hinderlich erwies sich jedoch auch das Konzept des *oíkos*. Daß der Mann die Familie nach außen repräsentierte, konnte leicht auf die Politik erweitert werden; daß er ihr Oberhaupt sei, dürfte kaum ein Demokrat bezweifelt haben, was sich Gegner der Idee gerne zunutze machten: «Führ' doch in Deinem Haus die Demokratie ein!», war ein beliebter Spruch, um das System als absurd darzustellen (z. B. Plutarch, *Moralia* 189e/228c/d), die Unmöglichkeit, darauf zu antworten, freilich der Tribut, den das Festhalten am Patriarchat von der antiken Demokratie verlangte. Höchst bezeichnend setzt die Staatsutopie Platons, bei der Frauen bis in die oberste Kaste der regierenden Philosophen aufsteigen, die Auflösung des «Hauses», das Verschwinden von Familie und Privatbesitz voraus (*politeia* 540c; ab 451d). Nicht weniger signifikant ist Aristoteles' Replik: Die weibliche Regierungsbeteiligung scheitert wie der Verzicht auf Ehen an einer Frage: «Wer soll sich da der Haushaltung annehmen?» (*pol.* 1264b 2/6).

Daß Geschlechterrollen besonders zählebig sind, tritt dann noch klarer zutage, wenn man im Vergleich zu den Frauen die Wirkung der Demokratie auf die Gruppe der Sklaven untersucht. Auf konkrete Verbesserungen wie ‹schlechtes Gewissen› stößt man hier ebenfalls. Erstere ergeben sich in Athen durch das Hybris-Gesetz (Kap. III.2), vor allem jedoch durch Veränderungen im gesellschaftlichen Klima, weshalb sie speziell jenen «Hausgenossen» zugute kamen, die in der Stadt zusammen mit den Freien lebten, weit weniger den unfreien Minenarbeitern in den Silberbergwerken des Gebirgszugs Laúreion. Einschränkend gilt es zudem zu vermerken, daß nicht jedes Einzelschicksal der allgemeinen Tendenz entsprach. Dennoch erschien den Zeitgenossen – und gerade den Gegnern der Demokratie, die an ihr nicht zuletzt den andersartigen Umgang mit Sklaven kritisierten (vgl. S. 65) – der Unterschied zu den Oligarchien beträchtlich. Daß er auch mit dem für die beiden Systeme jeweils typischen Sozialgefüge der Bürgerschaft zu tun hat, ist keine reine Vermutung. Beweisen lassen sich zunächst einige Rahmenbedingungen. Wenn das «Volk» überhaupt Sklaven besaß (vgl. S. 93/S. 94), dann sehr wenige, mit denen der Herr oft im Handwerksbetrieb direkt zusammenarbeitete. Auch auf Baustellen war die Belegschaft gemischt, wie es etwa inschriftlich erhaltene Abrechnungen aus dem Jahr 408/07 zeigen, die sich auf die Fertigstellung des Tempels der Athene und des Poseidon auf der Akropolis beziehen (Zeugnis Nr. 73 in: M. Austin/P. Vidal-Naquet, *Gesellschaft und Wirtschaft im alten Griechenland*, München 1984). Unter den dort beschäftigten Steinmetzen hat die Forschung z. B. 9 Bürger, 12 Metoiken und 16 Sklaven entdeckt, unter den Zimmerleuten 5 Bürger, 7 Metoiken und 4 Sklaven. Übrigens wurde bei diesem öffentlichen Auftrag allen Beteiligten gleicher Lohn für gleiche Arbeit ausbezahlt. Ob ein Sklave das Geld oder einen Teil davon behalten durfte, lag allerdings im Ermessen seines Herrn. Tatsächlich bezeugt sind darüber hinaus zumindest gelegentlich jene Denkweisen, die man als Konsequenz solcher Erfahrungen erwarten würde. So haben Austin/Vidal-Naquet auf eine Stelle aus Xenophons *Memorabilien* (2,3,3) aufmerksam gemacht. «Wer es kann», heißt es da, «der kauft sich Sklaven, um Arbeitskollegen zu haben.»

Auch unabhängig vom sozialen Milieu wirkte die Demokratie in einer im besten Sinn alltäglichen Art als Impulsgeber. Der Demonstration von Macht verlieh sie ebenso einen negativen Akzent wie sie umgekehrt das argumentative Vermitteln einer Ansicht zur Regel machte. Ob aus Gewohnheit, ob aus Prinzip oder der von dem «Ethos» (S. 82) anvisierten Kombination von beidem: «Viele Leute» übertrugen, wie Platon von seiner demokratischen Mitwelt beklagt (*nomoi* 777e), ein solches Verhalten «liebend gerne» auf den Umgang mit Sklavinnen und Sklaven. Statt aufgrund ihres Status blinden Gehorsam einzufordern und ihre Herrengewalt mit Befehlen und Strafen zur Schau zu stellen, nahmen sie nicht den Gestus eines Machthabers, sondern den eines Menschen ein, der mit einem Mitmenschen von gleich zu gleich verkehrt, alberten mit dem Personal herum und begründeten ihre Anliegen genauso wie ihren Tadel. Zu akzeptieren, daß die «Hausgefährten» selbst ihre Meinung äußerten, war dann nur konsequent (Demosthenes 9,3 in einer durch den Kontext glaubwürdigen «Beobachtung» aus Athen).

Wer noch mehr Konsequenzen erwartet, sollte sich vergegenwärtigen, daß die Entwürdigung jedes Menschen, die unfreien ausdrücklich eingeschlossen, als Verstoß gegen die Verfassung gewertet wurde, was selbst dann bedeutsam bleibt, wenn man sich dabei mit der Sklaverei als solcher arrangierte. Daß zu ihrer Kritik neben der Freiheit weitere demokratische Maximen taugten, wird im Kurzbericht des Aristoteles deutlich. Das Hauptargument der «vielen Gegner» gibt er dahingehend wieder, ihnen scheine an der Konvention der Versklavung Kriegsgefangener «entsetzlich», daß damit Herrschaft durch «die Stärkeren» begründet werde (*pol.* 1255a 8 ff.). Mit ihrem Bezug zur Außenpolitik steht die Passage nicht allein. Wiederum den Grundsatz, «daß es nicht gerecht ist, daß die Starken die Schwachen beherrschen», bringt z. B. Isokrates in einem Plädoyer gegen hegemoniale Ambitionen und militärische Gewalt zum Einsatz (8,69). Freilich ließen sich derartige Überlegungen sogar theoretisch kaum vertiefen, geschweige denn konsequent umsetzen, da die zwischenstaatliche Sphäre zu offenkundig anderen Gesetzmäßigkeiten gehorchte. Kein Widerspruch, sondern eine Ergänzung dazu sind die vom 4. Jh. an häufiger werdenden Bundesstaaten. Wenn sich in ihnen mehrere Städte zu einem neuen politischen Gebilde, gekennzeichnet unter anderem durch ein Bundesbürgerrecht, zusammenschlossen, schufen sie nämlich einen neuen Innenbereich, der dann durchaus demokratisch strukturiert sein konnte. Die Menschen, denen sich die antike Demokratie verpflichtet sah, sind daher stets vorrangig die Leute geblieben, die ein derart geordnetes Gemeinwesen, mit oder gegen ihren Willen, frei oder unfrei bewohnten, die eigene Bevölkerung, nicht die Spezies schlechthin.

In diesem Rahmen existiert jedoch tatsächlich Unfreiheit, welche die Zeitgenossen für unvereinbar mit der Demokratie halten. Auf theoretischer Ebene, unterfüttert mit konkreten Beispielen wie der «Kolonie» (S. 36) Apollonia im heutigen Albanien, begegnet sie bei Aristoteles (*pol.* 1290b 9 ff.). Für ihn liegt es auf der Hand, daß ein Staat, in welchem «wenige Freie», intern ganz demokratisch organisiert, über «eine größere Zahl von Unfreien» herrschen, eben deshalb keine Demokratie darstellt. In das Feld politischer Praxis führt eine Randbemerkung Xenophons (*Hellenika* 2,3,36). Hier geht es um einen Aufstand zur Befreiung der «Penesten», der 407 oder 406 im nordgriechischen Thessalien im Gange war, wobei das Schlagwort «Demokratie» offenbar prominent ins Spiel kam. Mit den Penesten gewinnt die Altertumskunde zugleich einen Ansatz zur Deutung. Denn durch sie gerät ein spezieller Typ von Unfreien in den Blick, der sich in einigen Punkten beträchtlich von jenen Sklavinnen und Sklaven unterscheidet, wie sie in Athen und vielen sonstigen Städten gehalten wurden. Letztere, meist käuflich erworben, waren aus sehr verschiedenen Gegenden an ihren neuen Wohnort gelangt. Während es einen kriegsgefangenen Athener etwa nach Leukás vor der Nordwestküste Griechenlands verschlug, fanden sich in Athen Leute von der Peloponnes, den Inseln der Ägäis und aus Kleinasien ebenso wie die Angehörigen von Völkerschaften am Bosporus und Schwarzen Meer, die teils von Feinden, teils ihrer eigenen Familie veräußert wurden. Sie bildeten daher ein äußerst heterogenes Gemisch von Landesfremden, die mit der Freiheit ihre Heimat verloren hatten. Mit den Penesten hat man dagegen eine einheimische, homogene Bevölkerungsgruppe vor sich, die von einer anderen unterworfen und zuhause in ein Abhängigkeitsverhältnis mit Abgabenpflicht und Schollenbindung gebracht wurde. Die soziale Rolle als Arbeitende unterstützte noch den Gedanken, daß die Unfreien in einer solchen Konstellation dem «Volk» entsprächen. Von der Demokratie wurde daher in ihrem Fall nicht nur verlangt, daß sie ihnen als Menschen gegenüber ihr Soll erfüllte, sondern daß sie sie zu Bürgern machte. Das aber setzte die Aufhebung der Unfreiheit zwingend voraus.

## IV. Über die Zeit hinweg:
## Ein kurzer Rückblick und ein kleiner Blick
## nach vorn

Wenn man in einem Buch zur antiken Demokratie das 5. und 4. Jh. verläßt, so kann dies aus unterschiedlichen, vor allem jedoch aus drei Gründen geschehen. Zwei davon sollen uns im folgenden etwas näher beschäftigen, während ein weiterer wenigstens kurz erwähnt sei. In seinem Fall gilt das Interesse der unmittelbar nachfolgenden Epoche, dem Hellenismus, speziell dem 3. und frühen 2. Jh. und der Frage, wann und auf welche Weise die Demokratie aus dem politischen Leben Athens sowie anderer Städte verschwand. Unabhängig von der Stichhaltigkeit jeder Einzelthese, ist das große Verdienst solcher Studien, das Bild vom Ende der «Volksmacht» um einen wichtigen Aspekt ergänzt zu haben, von dem her nicht zuletzt das für Athen traditionell angegebene Datum 322 zumindest in neuem Licht erscheint. Vorgebeugt wird nämlich dem Irrtum, die Demokratie sei zu diesem Zeitpunkt überall oder in Athen dauerhaft beseitigt worden. So hat jüngst Boris Dreyer (in der Zeitschrift: *Ancient Society* 31, 2001), trotz einer äußerst schwierigen Quellenlage, wahrscheinlich gemacht, daß die Athener in einer Periode von 287 bis 260 noch einmal an den Zustand des 4. Jh. anzuknüpfen vermochten. Freilich dokumentiert bereits dieser Vorgang zugleich den Eintritt in eine neue Ära. Bestimmend sind in ihr Königreiche, die sich durch den Zerfall des Herrschaftsgebiets Alexanders des Großen gebildet haben und, oft in Konkurrenz zueinander, bestrebt sind, Griechenlands Stadt- und Bundesstaaten ebenfalls zu kontrollieren. Auf Makedonien, das 322 auch eine Besatzung auf die Anhöhe Mounychía im Osten des Hafengebiets des Peiraieús (Piräus) legt, ist die Abschaffung der Demokratie in diesem Jahr zurückzuführen; ihre zeitweilige Rückgewinnung gelingt nur noch dank der Rivalität der Großmächte. Langfristig aber scheint Athen das Schicksal all jener Städte geteilt zu haben, deren Demokratie nicht spektakulär außer Kraft gesetzt werden mußte. In Reaktion auf die neue Weltlage ging das System vielmehr mit der Ausformung einer Honoratiorenschicht, der Aufwertung des Rates gegenüber der Volksversammlung und Ähnlichem schrittweise in andere Strukturen über. Der wachsende Einfluß Roms im 2. und 1. Jh. war dabei eher ein verstärkender denn der auslösende Faktor.

Während das nachklassisch-antike Fortleben der Demokratie noch nicht in allen Darstellungen Beachtung findet, fehlen Bemerkungen zu ihrer Vorgeschichte so gut wie nie. Dennoch kann es auch hier leicht geschehen, daß man etwas vermißt. So manche Verwirrung wäre nämlich vermeidbar, wenn ausdrücklich darauf hingewiesen würde, daß jede Studie zur Verfassungsentwicklung des 7. und 6. Jh. die Wahl zu treffen hat zwischen zwei Möglichkeiten, mit dem Thema umzugehen. Die eine besteht darin, den Vorgang strikt zeitimmanent zu betrachten, das heißt den Versuch zu unternehmen, das Denken der Menschen der Archaik zu rekonstruieren und deren Motive zu erschließen. In einer solchen Darstellung darf nicht von «demokratischen Elementen» im Reformwerk Solons, dem «Fortschreiten der Demokratie» unter und nach Kleisthenes oder analogen Ansätzen im frühen Sparta geredet werden, da das Konzept der «Volksmacht» erst von etwa 470/60 an existiert. Dagegen sind die besagten Formulierungen bei einer alternativen Methode solange statthaft, solange offenkundig ist, daß sie jenen Eindruck wiedergeben, der sich im Rückblick gewinnen läßt, nicht den, den die Mitwelt empfing. Die Entscheidung fällt hier also zugunsten einer Außenperspektive und einer Analyse mittels eines Modells, das nicht der analysierten Epoche oder Kultur entnommen sein muß und dies im konkreten Fall der Archaik auch nicht ist. Daß das Urteil «demokratisch» daher weder etwas über die Intention der Handelnden aussagt noch über das Selbstverständnis des bewerteten Systems, ist die logische Konsequenz.

Trugschlüssen zu entgehen, ist der Altertumskunde freilich nicht in all ihren Werken gelungen. Einen Anteil daran hatten auch Autoren des 5./4. Jh., die manchmal nicht kritisch genug verwendet wurden. Eine solche Überprüfung hätte nämlich ergeben, daß altgriechische Forscher nahezu zwangsläufig zu einer falschen Rekonstruktion des Wegs zur Demokratie gelangen mußten und zwar sogar dann, wenn sie sich ernsthaft um Objektivität bemühten und nicht absichtlich die Vergangenheit der Gegenwart dienstbar machten. Was ihnen fehlte, war nicht generell ein geschichtswissenschaftliches Ethos, viel eher schon eine geschichtswissenschaftliche Methodik, die für Epochen taugte, die weiter entfernt waren, als die Erinnerung der Lebenden reichte. Vor allem jedoch faßten sie den Menschen selbst als feste, zeitlose Größe auf und nicht als ein Wesen, das in den elementarsten Bereichen des Denkens und Fühlens einem historischen Wandel unterliegt. Mit solchen Voraussetzungen hatten sie praktisch keine Chance, zwischen dem Resultat der politologischen Analyse einer Verfassung der Archaik und einem historischen Befund zu differenzieren. Noch im besten Fall erschien ihnen die Demokratie demnach als eine von Anbeginn vorhandene Idee, die bis zum 5. Jh. schrittweise verwirklicht wurde. Im schlechtesten jedoch entstand ein völlig anderes Bild. Das politische System Athens, das durch die Reformen des frühen 5. Jh. den Gedanken der «Volksmacht» überhaupt erst hervorruft, wurde dann zur «äußersten, letzten Demokratie» erklärt, was gleichermaßen als eine zeitliche Angabe für die am spätesten entstandene Ausformung dieser Staatsordnung wie als negative Bewertung eines Extremismus gemeint war (z. B. Aristoteles *pol.* 1277b 2; 1296a; 1298a 31; 1305a 29; 1318b 6). Eine klare ideologische Dimension gewann das Konstrukt dort, wo Demokratiekritiker es einsetzten. Während sie sich meist mit dem Schema einer Entartung begnügten, kommt es im 4. Jh. gelegentlich vor, daß sie für eigene Theoriemodelle nicht nur den Namen der Demokratie beanspruchen, sondern zudem vorgeben, diese seien mit einem historischen Vorbild, einer früheren, besseren Demokratie und «Verfassung der Väter» identisch. Daß auch Demokraten ihr System gern in graue Vorzeit zurückdatierten, erleichterte solche Manöver, bei denen dann auf Unterschiede zwischen einst und jetzt hingewiesen und die Rückkehr zur guten alten Zeit propagiert wird.

Kurzfristig und beim Zielpublikum war der Erfolg derartiger Thesen wohl eher gering. So beklagt Isokrates, sein Vorschlag, den er selbst als «wahre, schöne, reinste Demokratie» (12,147; 7,61) und Wiederbelebung eines Urzustandes präsentiert, würde von der Mitwelt, allen Anstrengungen zum Trotz, schlicht als Oligarchie wahrgenommen (7,57). In seinem letzten Werk trägt er dem dahingehend Rechnung, als er seinerseits von einer Demokratie mit elitären Zügen redet (12,153). Auch Aristoteles läßt mehrfach erkennen, daß die meisten seiner Zeitgenossen den Demokratiebegriff ausschließlich mit der «äußersten Demokratie» verbinden (z. B. *pol.* 1298b 14; 1318a 6). Wie groß die Langzeitwirkung war, wäre jedoch zu überlegen. Bis in unsere Gegenwart hinein ist nämlich die Formel von der «radikalen Demokratie» Athens verbreitet. Sie muß nicht, kann jedoch mißverständlich sein. Wer nicht auf sie verzichten möchte, sollte daher unterstreichen, daß die Demokratie der Griechen von Anfang an «radikale Demokratie» war, im frühen 5. Jh. bereits als «radikale Demokratie» entstand und im allgemeinen Bewußtsein immer «radikale Demokratie» blieb. Eine «gemäßigte Demokratie» der Archaik hat historisch niemals existiert, ebensowenig fand eine Entwicklung der einen aus der anderen Systemvariante statt. «Radikal» bezeichnet daher bloß das Faktum, daß die Antike einen sehr anspruchsvollen Begriff der «Volksmacht» hatte und sie mit aller Konsequenz realisierte – was mit dem Sprachgebrauch der modernen Politikwissenschaft vereinbar und ein historisch korrekter Befund ist.

Zu verstehen, wie die Demokratie tatsächlich zustandekam, ist durch die Tilgung der Legenden nicht einfacher geworden, aber keineswegs unmöglich. Manches davon war bereits aufzuzeigen (S. 12/24/38). Ein paar Faktoren sollen jedoch kurz anhand von Vergleichen verdeutlicht werden. Dabei werden in einer sich jeweils verengenden Perspektive zunächst die Griechen den frühen Hochkulturen des Orients und den Römern, sodann die archaischen Staaten vom Typus Athen der Alternativlösung Sparta gegenübergestellt, während die Betrachtung

von Athen zusammen mit Gemeinwesen, die ihm bis Ende des
6. Jh. äußerst ähnlich sind, nicht wiederholt zu werden braucht.
Dem ersten Thema hat sich besonders Christian Meier zuge-
wandt. Daß Grundvoraussetzungen der späteren Entwicklung
darin liegen, daß sich in Griechenland weder ein starkes Königtum ausbildet noch eine stark sakrale Fundierung weltlicher
Macht erfolgt, ist durchaus plausibel, ebenso korrekt die Aussage desselben Forschers, daß «der griechische Adel in den be-
wegteren Städten nicht in der Lage war, wirklich stabile Regime
aufzubauen».

Welche Bedeutung die Auseinandersetzung mit dem politischen Vorrang der Adeligen bzw. Adligen und Reichen für die
Genese der Demokratie besitzt, wird dann noch besser erfaßbar,
wenn man einen Blick auf Sparta wirft. Denn damit begegnet
man einem Staat, bei dem die Stufe der Adelsherrschaft fehlt, da
es den dortigen «Wohlgeborenen» nicht gelingt, im 8./7. Jh. die
Macht weitgehend bis völlig zu monopolisieren. Daß statt dessen frühzeitig, wohl bereits um 700, die Einbeziehung breiterer
Kreise in öffentliche Entscheidungen erfolgt und eine zunächst
politische, dann soziale Integration des Adels (bis ca. 550) statt-
findet, wird für unser Thema in Kombination mit einer anderen
Beobachtung wirklich bemerkenswert. In Sparta stellt sich nämlich nicht jene Unzufriedenheit mit den *árchontes* (S. 22) und
das Mißtrauen ein, wie sie für die Städte der Adeligen und Reichen charakteristisch und verständlich sind. Autorität wird weder auf der politischen noch der gesellschaftlichen Ebene in
Zweifel gezogen, damit aber auch nichts angestoßen, was in ein
neues Konzept von Herrschaft und in eine Demokratie münden
könnte. An Sparta bestätigt sich zugleich erneut der Nutzen
einer Trennung zwischen einer Analyse im Rückblick und einer
aus der Zeit heraus. Von der Staatstheorie des 4. Jh. oder von
heute her gesehen, sind seiner Verfassung gleichermaßen «demokratische» wie «nichtdemokratische» Züge zu bescheinigen.
In der Archaik und dem historischen Prozeß selbst haben solche
Gedanken jedoch keine Rolle gespielt. Sparta ist damals kein
Staat, der an der Vollendung seiner Demokratie scheitert und sie
nur in verkümmerter Form ausbildet. Es ist eine Gemeinschaft,

die relativ früh einen Zustand erreicht, der ihre Bürgerschaft, von innerem Spannungspotential entlastet, uninteressiert an weiterer Veränderung macht, einer Veränderung, durch die andernorts schließlich die Demokratie entsteht – zum ersten, aber nicht zum welthistorisch letzten Mal.

Dem modernen System mit dem altgriechischen Namen und seinem Verhältnis zum antiken sollen abschließend ein paar Überlegungen gewidmet sein. Daß man damit auf ein Feld gelangt, auf dem weitere interdisziplinäre Forschung lohnend wäre, mag einen passenden Ausklang darstellen, obschon es gewiß bedeutet, daß hier nur einige Anregungen seitens der Alten Geschichte formuliert werden können. Die erste erlaubt zugleich, den Bogen zurück zum Anfang unserer Betrachtungen zu schlagen. Die Unterscheidung zwischen «Basis/Prinzipien der Demokratie» und den «typisch demokratischen» Verfahrensweisen und Institutionen, zwischen «Kulturebene» und «Strukturebene» dürfte nämlich nicht nur innerhalb einer Epoche nützlich sein. Auch der Vergleich zwischen antiker und moderner Demokratie gewinnt an Prägnanz, sobald man die beobachteten Differenzen, statt sie katalogartig aufzulisten, in dieses Schema einordnet. Denn es wird dadurch unumgänglich, über den Stellenwert der einzelnen Phänomene nachzudenken und festzulegen, wie man die Relation der beiden gleichnamigen Verfassungen sieht: Hat die heutige Demokratie nur noch wenig mit der griechischen gemein, da sie grundsätzlich anderen Überzeugungen verpflichtet ist? Oder: Ergeben sich die Abweichungen erst bei der Umsetzung identischer Maximen in die politische Praxis? Anders gesagt: Ist der Unterschied prinzipieller Natur und die Übereinstimmung in der Benennung eher irreführend als hilfreich? Oder: Entsprechen sich die zentralen Inhalte beider Konzepte genauso wie ihr Name, so daß es Sinn macht, über einen überzeitlichen Demokratiebegriff nachzudenken? Liegen die Divergenzen also nicht in einem Wandel der Ziele begründet, sondern in einem Wandel der äußeren Bedingungen, durch den dieselben Ziele auf anderem Weg angestrebt werden müssen und idealiter verwirklicht werden?

Allzu rasch sollte man die Frage auch dann nicht entscheiden, wenn die in diesem Bändchen vorgelegte Rekonstruktion des antiken Demokratiebegriffs zu überzeugen vermochte. Man wird dann nur mit Nachdruck festhalten, daß es nicht das angebliche Fehlen der Freiheit ist, das dazu veranlaßt, über «eine sehr geringe Ähnlichkeit» des heutigen Systems mit jenem des 5./4. Jh. zu reden oder über «Ziele und Ideale», über «Werte…, die es für die Griechen einfach nicht gab» (G. Sartori). Dennoch könnte man sehr wohl – und sehr zurecht – zögern, die Gleichheit der beiden Konzepte auf der «Kulturebene» pauschal zu bejahen. Anlaß dafür gibt allerdings nicht länger der antike, sondern der neuzeitliche Demokratiebegriff, der in einem Punkt markant vom klassischen abweicht: Er ist von einer hohen Unbestimmtheit, die ihn für ein breites Spektrum an Theorien anfällig macht, unter ihnen auch solche, die fast nichts mehr mit der hellenischen «Volksmacht» zu tun haben. Das Phänomen ist wahrscheinlich ebenso wie die prägnanten Vorstellungen der Griechen sprachlich und historisch zu erklären und auf das 18./19. Jh. zurückzuführen. Hier nämlich bürgerte sich allmählich das altgriechische Fremdwort für Staaten der Gegenwart ein, wobei das Bewußtsein, die momentane Lösung sei keine «reine Demokratie» (so noch in den Federalist Papers von 1787), in dem Maß in den Hintergrund trat, wie sich der neue Sprachgebrauch etablierte und die «aristokratisch-ermäßigte» zugleich als «veredelte Demokratie» (so Konversationslexika von 1850) gesehen wurde. Der Name gab damit immer selbstverständlicher eine Verfassungswirklichkeit wieder, die weit eher der Überlegung entsprang, wie sich der Einfluß des Volkes auf das unvermeidliche Minimum reduzieren als wie er sich unter den Rahmenbedingungen eines Flächenstaates optimal umsetzen ließe. Äußerst elitäre Konzepte brauchten von modernen Demokraten noch nicht einmal problembewußt reflektiert, geschweige denn aufgegeben zu werden, ebensowenig autoritär-obrigkeitsstaatliche Strukturen. Allerdings rächte sich das, was der Althistoriker Egon Flaig eine der «grandiosesten begrifflichen Enteignungen der Moderne» genannt hat (*Rechtshistorisches Journal* 16, 1997), insoweit, als die Uminterpretation niemals wirklich vollständig gelang. Letztlich blieb gerade durch die Vereinnahmung der Vokabel die Herausforderung durch Athen und durch die Idee der «Volksmacht» – einer Verheißung, mit der neuzeitliche Systeme sich schwertaten – erhalten.

Uneinheitlichkeit kennzeichnet moderne Demokratiedefinitionen bis heute. Bei einem Teil wird man tatsächlich kaum eine Ähnlichkeit mit der Antike entdecken können. Das gilt besonders für Thesen, die den wesentlichen Unterschied zwischen der Demokratie und anderen Staatsformen in dem Modus der Legitimation der Machthaber sehen, der dem System den Vorzug größerer Akzeptanz und Stabilität bringt und nur dahingehend den Charakter der Herrschaft selbst verändert, als verschiedene gesellschaftliche Interessen vertreten sind und die periodisch abgehaltene Wahl dazu beiträgt, einen Minimalkonsens mit der Mehrheit des Volkes anzustreben. Beispielhaft ist ein Satz aus der Broschüre *Petitionen* des Deutschen Bundestages, die im März 2000 in 9. Auflage erschien (dort: S. 7): «An die Stelle der auf Gottesgnadentum gegründeten Macht der Kaiser und Könige trat der aus regelmäßig wiederkehrenden freien Wahlen hervorgehende Volkssouverän, das Parlament». Die Wirksamkeit des Modells geringzuschätzen, besteht spätestens nach solch offiziellen Verlautbarungen wahrlich kein Anlaß. Andererseits aber sollte man nicht übersehen, daß hier etwas formuliert wird, was sich eher als Extremposition denn als gängige Auffassung bezeichnen läßt, und zwar auch unter der Voraussetzung, daß man die Demokratie als reines Repräsentativsystem versteht. Daß ihr Souverän dann ebenfalls die Bürgerschaft ist, wird in den meisten Büchern zum Thema sogar als derart selbstverständlich erachtet, daß kaum jemand es einer näheren Erörterung würdigt.

Theorien dieses letztgenannten, zweiten Typs – nicht nur, aber gerade wieder aus jüngster Zeit – sind es, durch die ein den verschiedenen Epochen gemeinsames Demokratiemodell vorstellbar wird. Sie könnten vielleicht auch vom Beitrag der Griechen – besonders ihren Aussagen zu «Herrschaft», «Gleichheit» und «Freiheit» – profitieren. Wer einen Nutzen für die Gegenwart nicht annehmen will, möge die folgenden Abschnitte einfach als Resumee zum klassischen Demokratiebegriff lesen.

Vorrangig sind zwei Merkmale der auf der «Kulturebene» angesiedelten Prinzipien einer eigenen Erwähnung und Erwägung wert. Das eine ist die Tatsache, daß in der Antike die drei zentralen Ideen der Demokratie ebensowenig unbestimmt sind wie das Gesamtkonzept, zu dem sie sich verbinden. Hieraus erklärt sich auch, daß sie einander nicht widersprechen, sich statt dessen oft sogar wechselseitig verstärken. Demokratie bedeutet also nicht Freiheit, Gleichheit, Herrschaft mit jedem nur denkbaren Inhalt der Schlagworte, sondern eine spezielle, spezifisch demokratische Form von Freiheit, Gleichheit und Herrschaft, die es noch weiter zu prüfen gilt. Bei der Analyse der Herrschaft gerät bereits das zweite Phänomen in den Blick: Auch die «Macht» ist nämlich nichts, was bloß einem Kollektiv, dem «Volk» als Ganzem, zukäme. Nicht anders als bei Gleichheit und Freiheit ist es vielmehr das Individuum, dem die Demokratie mit diesem Konzept einen für die Verfassung typischen Status verleiht.

Sich auf das einzelne Mitglied der Bürgerschaft zu konzentrieren, dürfte heute schwerer fallen als damals, zumal der Eindruck des Repräsentativsystems dem ebenso entgegenwirkt wie das historische Erbe der Neuzeit. In ihr ist politisches Handeln primär mit «dem Staat» verbunden, während das Individuum fast nur als Privatperson, nicht als politische Größe präsent ist. Rein geschichtlich gesehen stehen auch die Grundrechte der Moderne in dieser Tradition. Sie sind im Ursprung Zugeständnisse der «Herrschenden» an die «Beherrschten», auf bestimmte Möglichkeiten der Herrschaftsausübung zu verzichten. Da sie an Privatleute, nicht politische Subjekte adressiert sind, sind sie von einer Demokratie unabhängig. Wenn man ihre Genese betrachtet, so empfiehlt es sich, den Unterschied zum griechischen Freiheitsgedanken zu unterstreichen. Vom Resultat her bietet sich dagegen ein weitgehend, aber nicht völlig anderes Bild. Denn die bis heute gängige Formel von der «liberalen» Demokratie zeigt, daß zumindest theoretisch die «totalitäre» Demokratie für die Gegenwart nicht jenes Unding wäre, zu dem sie in dem Moment wird, wo man die «Volksmacht» im Sinne antiker Demokraten konzipiert. Gewonnen ist dadurch ein in sich schlüssiges Modell, das die Freiheit nicht weniger integriert wie die Gleichheit.

Sobald nämlich «Selbstregierung» (so ein Begriff aus der Definition von D. Fuchs) individuell statt kollektiv verstanden wird, ist der Anschluß der Freiheit nicht länger ein Problem. Aus dem Ideal des Nichtbeherrschtwerdens folgt, daß die demokratische Herrschaft eine minimale Herrschaft und jede Einschränkung der Freiheit der einzelnen in hohem Maß rechtfertigungsbedürftig und nur nach gründlicher Güterabwägung überhaupt möglich ist. Die Grundrechte sind für dieses Verfassungsprinzip dann der Sicherungsmechanismus, der den Gegebenheiten des modernen Staates Rechnung trägt. Zugleich aber kann man zumindest bei einem Teil von ihnen noch einen anderen Aspekt betonen. Die Politikwissenschaft tut dies neuerdings vor allem bezüglich des Rechts «Vereine und Gesellschaften zu bilden» (Art. 9,1 GG), indem sie den sogenannten intermediären Instanzen, Nichtregierungsorganisationen, Verbänden usw. gesteigerte Aufmerksamkeit schenkt und sie nicht länger nur als Zusammenschlüsse zur Verfolgung privater Interessen, sondern als Formen einer Teilhabe der Bürgerschaft am politischen Geschehen sieht. Ähnlich interpretieren ließen sich die «freie Meinungsäußerung», «Presse-» und «Versammlungsfreiheit» sowie das «Petitionsrecht» (Art. 5; 8; 17). Auch bei den «Verfassungsbeschwerden», die «von jedermann mit der Behauptung erhoben werden können, durch die öffentliche Gewalt in seinen Grundrechten … verletzt zu sein» (Art. 93,4a), waren in den letzten Jahren gewisse Akzentverschiebungen zu beobachten. Die Klagenden verstanden sich dann nicht als rein persönlich Geschädigte, sondern als Mitglieder einer Bürgerschaft, der keinerlei andere Form der Mitwirkung an einer Entscheidung zugestanden worden war, bei der die Mehrheit mit dem Parlament nicht übereinstimmte.

Die neuen Ansätze eingehend zu diskutieren, ist hier nicht der Ort. Offenkundig – und im jetzigen Kontext wichtig – dürfte allerdings sein, daß auch das Repräsentativsystem keineswegs ausschließt, den einzelnen die Möglichkeit zur Mitgestaltung des politischen Raumes zuzusprechen, also dem Nichtbeherrschtwerden den Status als politisches Subjekt an die Seite zu geben. Ob dieses Prinzip schon hinreichend ausgestaltet ist, ist eine völlig andere Frage. Ihre Verneinung wird seit einigen Jahrzehnten immer häufiger und hat auch den Vergleich mit Athen beeinflußt. So werden in jüngeren Publikationen an der antiken Demokratie Elemente wie die Kontrolle der politischen Agenda durch die Bürgerschaft und die Intensität der Partizipation mit mehr Nachdruck hervorgehoben. Noch stärker herausstellen ließe sich der Meinungsbildungsprozeß, zumal Gedanken wie öffentliche Diskussion oder freie Zugänglichkeit ungefilterter Informationen gewiß weiterhin aktuell sind.

An Freiheit und Gleichheit als grundlegenden Werten der *demokratía* ist modernen Betrachtern primär aufgefallen, daß die Griechen sie nicht als einander widersprechende Vorstellungen sahen. Verständlich wird dies dann, wenn man erkennt, daß tatsächlich weder jede Form von Gleichheit noch jede Form von Freiheit als demokratisch gelten kann. So ist es bereits in dem Moment, wo Freiheit zum Prinzip einer Gemeinschaft wird, kaum noch möglich, sie als absolut zu definieren. Ansonsten würde nämlich ein Verfassungsprinzip ständig von Leuten in Frage gestellt, die Freiheit uneingeschränkt, d. h. auch auf Kosten anderer beanspruchen, und wäre selbst für die «Starken» bloß ein unsicheres Gut, dessen Verlust an «Stärkere» sie in Kauf nehmen müßten. Die Unverträglichkeit mit den übrigen Demokratiemaximen, dem «Nichtbeherrschtwerden» und dem Subjektstatus der einzelnen sowie der Gleichheit, kommt hinzu. Bei letzterer sind wiederum ganz ähnliche Mechanismen am Werk. Ihr Eigenbeitrag, der von den Partnerkonzepten verstärkt wird, dürfte wesentlich mit der Bezugsgröße des «Volkes» zusammenhängen. Auch wenn man die sozialen Nebentöne des Begriffs weniger stark betont als in der Antike, bleibt die Bürgerschaft doch eine äußerst heterogene Gruppe. Damit freilich behalten Folgerungen aus der «Gleichheit der Ungleichen» ihre Gültigkeit.

Eine davon, die Gleichwertigkeit der Menschen, bringt einen letzten Aspekt ins Spiel. Konkretisieren läßt er sich mittels der Frage nach dem Verhältnis der Demokratie zu Menschen außerhalb der Bürgerschaft. Daß sie weiteren Nachdenkens lohnt, zeigt sich bereits daran, daß die moderne Theorie dazu höchst

unterschiedliche Positionen vertrat: Teils wurde die Deckungs-
gleichheit von Einwohner- und Bürgerschaft zum entscheiden-
den Maßstab und jeder Staat, bei dem sie nicht vorhanden war,
nur noch zur Polyarchie (Herrschaft der vielen) erklärt, teils so
wenig Verbindung hergestellt, daß einzig «die Bürger» in den
Blick gerieten. Die Forderung der wechselseitigen Anerkennung
als «Freie und Gleiche» richtete sich dann beispielsweise ausschließlich an sie. Wenn man die gleiche Partizipation der Mitglieder des Staatsvolks an die Gleichwertigkeit der Menschen
rückkoppelt, ergibt sich demgegenüber wohl eine dritte Lösung.
Von der Demokratie wird dabei nicht verlangt, ganz auf eine
Trennung zwischen Staatsangehörigen und «Mitwohnenden»
zu verzichten. Allerdings muß ihr «Volk» nach Kriterien bestimmt werden, die politisch relevant sind. Außer der Erneue-
rung der Bürgerschaft über die Generationen hinweg sollte daher ein Erwerb des Bürgerstatus auf Wunsch vorgesehen sein,
bei dem Faktoren wie Dauer des Aufenthalts oder Vertrautheit
mit der Verfassung zur Anwendung kommen. Daß die Bedin-
gung für die Verleihung in Athen ein besonderes Verdienst um
die Stadt war, stellt wohl eine zu hohe Hürde dar, trotz jenes
Falls, der sogar für einen freigelassenen Sklaven einen solchen
Aufstieg bezeugt, und trotz der Tatsache, daß kaum zu sagen ist,
in welchem Umfang die Metoiken einen Wechsel der Staatsangehörigkeit anstrebten. Mit einer anderen Bilanz sieht es etwas
besser aus: Daß eine Demokratie der gesamten Bevölkerung gegenüber eine Verantwortung besitzt, hat man gewußt – und im
öffentlichen, aber auch im privaten Handeln vielfach praktiziert. Nicht zuletzt das sollte vielleicht «über die Zeit hinweg» in
Erinnerung bleiben.

# Zeittafel: Die Entwicklung der Demokratie im Kontext der Geschichte Griechenlands (ein Überblick)

## Hauptlinien

*ca. 1100/1000–ca. 800:* sog. *dark ages*

*ca. 800–ca. 500:* sog. *Archaik*

*Seit späten dark ages: Bevölkerungswachstum*

*ca. 800: Entstehung der Polis* = eine Region, die eine staatliche Einheit bildet und in einer (meist urbanen, seltener dörflichen) Ansiedlung ihren Mittelpunkt hat (dort Sitz der gesamtstaatlichen Verfassungsorgane, des Kults der «polisschützenden» Götter und der höheren Gerichte und Behörden).

*ca. 750–ca. 550:* sog. *große griechische Kolonisation*
Griechischer Begriff für die neuen Städte: *apoikía* = Wegsiedelung. Deren Erstsiedler sind ökonomisch und politisch gleichgestellt; durch Zweit- und Drittsiedlerzüge entsteht jedoch vielerorts eine ähnliche Zweiteilung der Bevölkerung in Arm und Reich, politisch vollberechtigt und minder-/gar nicht berechtigt wie in Griechenland selbst.
Die Kolonisation stellt einen Versuch dar, die Probleme, die das Bevölkerungswachstum mit sich bringt, zu lösen.
Diese treten auch zutage in:

1. Kriegen zwischen Städten um kleine fruchtbare Ebenen
2. Sozialen Unruhen, Spannungen zwischen Reich und Arm.

*bis 700: Verschwinden des Königtums,* meist ersetzt durch *Herrschaft des Adels* (Sonderfall: Sparta).
Politische Endentscheidung liegt v. a. bei einem *Adelsrat,* der außerdem Rechtsprechungskompetenz hat. *Volksversammlungen* einzuberufen ist nicht unmöglich, geschieht jedoch *sehr selten.*

## Beispiele

Durchschnittspolis; ca. 50–100 km² Landfläche; Zahl der männlichen Erwachsenen etwa 500–1500.
Demgegenüber hat Athen in klassischer Zeit ca. 35 000–45 000 erwachsene männliche Bürger. In ähnlicher Größenordnung: Argos, Korinth, Syrakus auf Sizilien. Im Unterschied zu den genannten gibt uns Sparta ein Beispiel für eine Polis mit dörflichem Kern.

*ca. 750*: Erste Stützpunkte in *Unteritalien* (Nähe Neapel)
*734*: Erste Apoikie auf *Sizilien* (Syrakus)
*2. Hälfte 7. Jh.*: Apoikien im *Schwarzmeergebiet*
*ca. 630*: Apoikie Kyrene im heutigen *Libyen*, Mutterstadt *Thera*; dort Beschluß der Volksversammlung, bei Todesstrafe müsse aus jeder Familie ein Mann die Insel verlassen.
*ca. 600*: Apoikie Massalia (Marseille) in *Südfrankreich*

ca. 730: Krieg zwischen Chalkis und Eretria auf Euböa um Besitz der sog. Lelantinischen Ebene
ca. 640: Aufstand der armen Bevölkerung in Mégara mit Abschlachtung der Viehherden der Reichen

*In Athen Herrschaft der Eupatriden* = Leute mit guten Vätern. Der Überlieferung nach statt des Königtums zunächst lebenslanges, dann zehnjähriges, seit *683* einjähriges Oberamt (Titel: *árchon* = «Herrschender»), *spätestens ca. 594/93* werden die Inhaber der auf 9 aufgestockten hohen Posten von der Volksversammlung aus den reichsten Bürgern gewählt.
*Wohl ca. 700*: Pakt zwischen dem fortexistierenden spartanischen Königtum und der Bürgerschaft, in die der Adel integriert wird. Daß *in Sparta keine Herrschaft des Adels* ausgebildet und eine frühzeitige Zufriedenheit des *démos* = nichtadeliges Volk erzielt wird, führt dazu, daß weitere Reformen unterbleiben (damit aber auch die Ausbildung der Demokratie, die wesentlich aus der Konzentration der Macht in der Volksversammlung und der Problematisierung delegierter Macht resultiert).

**Hauptlinien**

Während der Archaik:
Allmähliche *schriftliche Aufzeichnung von Verfassungsregeln und Recht.*
Zunehmende *Unzufriedenheit des démos mit der Herrschaft der Adeligen,*
zunächst eher sozial (Landnot, Verschuldung), dann politisch motiviert.
Verstärkend wirken:
*Idee der Gleichheit*

*Uneinigkeit des griechischen Adels*
Im Extrem bedingt dies in ca. zwei Dutzend Städten
*ab ca.657:* sog. *Ältere Tyrannis.*

Zu den Maßnahmen, die aufgrund dieser Konstellation mancherorts ergriffen werden, gehören:
– politische Gleichberechtigung der Reichen. Aus der Herrschaft der Adeligen wird die *Herrschaft der Adeligen und Reichen.* Beide Gruppen verschmelzen durch Heiraten.
– *Übertragung einiger Befugnisse an die Volksversammlung*
– neue Institution eines «*Volksrats*» (*boulé demosíe*) neben dem Rat der Adeligen und Reichen.

Insgesamt wird durch solche Reformen der *démos nicht zufriedengestellt.*
Daraus folgt:
– teils *Kämpfe mit Vertreibung der bislang Herrschenden*; die neue Ordnung ist in dieser Zeit oft von kurzer Dauer.
– *evolutionäre Veränderung des politischen Systems in Athen mit Zielsetzung der Realisierung von Gleichheit, Integration der Bürgerschaft und Entmachtung des Adels.* Eben diese führt zu einer Verfassung, welche die Griechen *um 470/460* auf die *Idee der «Macht des Volkes»* bringt. Ihre typischen Merkmale sind u.a. die Minimierung delegierter Macht, die Verlagerung aller politischen Entscheidungen in die Volksversammlung, der freie Zugang aller Bürger (auch der Armen) zu politischen Funktionen. Gleichzeitige *Genese der Idee der Freiheit als Verfassungsprinzip; Veränderung der Ideen der Herrschaft und der Gleichheit.*

**Beispiele**

650–600: Inschrift von Dreros (im Osten Kretas)
ca. 621/20: In Athen Recht verschriftlicht durch Drakon; ca.594/93 Solon.


Vgl. Gleichheit der Erstsiedler; Spartaner nennen sich im 6. Jh. *hoi hómoioi* = die Gleichen.


Als Resultat einer Adelsfehde im späten 7. Jh. auf Lesbos. Mobilisierung des unzufriedenen *démos* z.B. in Korinth (erster Fall: ca. 657), Mégara (ca. 640) und Athen (561–511/10 mit Unterbrechungen; Tyrannis des Peisistratos und seiner Söhne).

594/93 Tätigkeit Solons in Athen als *árchon* mit Sondervollmachten. Neben sozialen politische Reformen (ob alle aus diesem Jahr, ist umstritten):
– Zugang zu den 9 hohen Ämtern für «Fünfhundertscheffler» (Männer mit Jahreseinkommen von 22 500 Liter Korn/18 000 Liter Öl/Wein)
– Wahl der Inhaber hoher Ämter durch Volksversammlung; gewisse Funktion in Rechtsprechung (Appellationsinstanz?)
– *ca.570 auf Chios* inschriftlich bezeugt; in Athen evtl. schon bei Solon, spätestens *508/07* durch Reform des *Kleisthenes* neben dem Areopag ein 2. Rat, der aus allen Bürgern erlost wird (noch keine Bezahlung; nur begrenzte Macht).


– so ca. 490 in Syrakus auf Sizilien

– Veränderung teils bewirkt durch *Gesetze (487/86* und *458/57*: Öffnung der 9 hohen Ämter für 2./3. Einkommensklasse; statt Wahl nun kombiniertes Wahl-/Losverfahren bzw. doppeltes Losverfahren; 462: Rechenschaft wird nicht mehr vor dem Areopag abgelegt), teils bewirkt durch *Wandel der politischen Praxis* (häufigerer Einsatz der Volksversammlung; Steigerung des Selbstbewußtseins der armen Bürger durch Flottendienst).

# Literaturverzeichnis

Die Liste beschränkt sich auf wenige Werke neueren Datums, die ihrerseits den Zugang zur früheren Forschung erschließen und meist auch außerhalb von Fachbibliotheken leicht greifbar sind.

Bleicken, Jochen, Die athenische Demokratie, Paderborn u. a. 1995[4]

Brenne, Stefan, Ostrakismos und Prominenz in Athen, Wien 2000

Burckhardt, Leonhard/v. Ungern-Sternberg, Jürgen (Hrsg.), Große Prozesse im antiken Athen, München 2000 (darin u. a. eine Untersuchung von Kurt Raaflaub zu den Asebie-Prozessen)

Dreher, Martin, Athen und Sparta, München 2001

Forrest, W. G., Wege zur hellenischen Demokratie, München 1966

Fuchs, Dieter, Die demokratische Gemeinschaft in den USA und in Deutschland, in: Jürgen Gebhardt (Hrsg.), Die Vermessung kultureller Unterschiede, Opladen 2000

Funke, Peter, Athen in klassischer Zeit, München 1999

Hansen, Mogens Herman, Die Athenische Demokratie im Zeitalter des Demosthenes, Berlin 1995

Haßkamp, Dorothee, Oligarchische Willkür – demokratische Ordnung. Zur athenischen Verfassung im 4. Jh. v. Chr., Darmstadt 2005

Lehmann, Gustav Adolf, Oligarchische Herrschaft im klassischen Athen, Opladen 1997

Lehmann, Gustav Adolf, Demosthenes von Athen. Ein Leben für die Freiheit, München 2004

Meier, Christian, Die Entstehung des Politischen bei den Griechen, Frankfurt a. M. 1980 (ND 1983/1995)

Murray, Oswyn, Das frühe Griechenland, München 1982

Ober, Josiah/Hedrick, Charles (Hrsg.), Demokratia. A Conversation on Democracies, Ancient and Modern, Princeton 1996

Ruschenbusch, Eberhardt, Solonos nomoi, Wiesbaden 1966 (ND 1983)

Saage, Richard, Demokratietheorien, Wiesbaden 2005

Sartori, Giovanni, Demokratietheorie, Darmstadt 1992

Schmidt, Manfred G., Demokratietheorien, Opladen 1997[2]

Stüwe, Klaus/Weber, Gregor (Hrsg.), Antike und moderne Demokratie. Ausgewählte Texte, Stuttgart 2004

Welwei, Karl-Wilhelm, Die griechische Polis, Stuttgart 1998[2]

Ders., Das klassische Athen, Darmstadt 1999

Zu Teilaspekten dieses Buches sind von derselben Autorin folgende Studien erschienen:

Zur Aktualität der antiken Demokratie, in: Erdmann, Elisabeth/Kloft, Hans (Hrsg.), Mensch – Natur – Technik. Perspektiven aus der Antike für das dritte Jahrtausend, Münster 2002, S. 149–186

Die Hälfte der Polis. Zur frauenspezifischen Dimension der klassischen Demokratie und Oligarchie,in: Rollinger, Robert/Ulf, Christoph (Hrsg.), Frauen und Geschlechter, Wien 2006, S. 169–186

Hasen und Löwen. Tiere im politischen Diskurs des klassischen Griechenland, in: Alexandridis, Annetta/Wild, Markus/Winkler-Horacek, Lorenz (Hrsg.), Mensch und Tier in der Antike – Grenzziehung und Grenzüberschreitung, Wiesbaden 2008, S. 83–97

# Bildnachweis

Abb. 1   Aus Aristoteles, Athenaion politeia edidit H. Oppermann, Bibliotheca Teubneriana, Teubner Verlag, Stuttgart 1961, Abb. 3.

Abb. 2   Aus Ostrakismos-Testimonien 1, Peter Siewert (Hrsg.), Steiner Verlag, Stuttgart, Abb. 2, S. 524.

Abb. 3   American School of Classical Studies at Athens, Agora Excavations.

Abb. 4   Karte gefertigt von Henrik Bollmann, Magdeburg; Rekonstruktion Tholos/Bouleuterion, © akg-images/Peter Connolly; Standbild, Amtssitz und Pnyx aus The Athenian Agora. A Guide to the Excavation and the Museum, Athen 3. Auflage 1976, American School of Classical Studies, Agora Excavations, Abb. 26. 36. 151.

Abb. 5   Aus W. G. Forrest, Wege zu hellenischen Demokratie. Staatsdenken und politische Wirklichkeit von 800–400 v. Chr., Kindler Verlag, München 1966, S. 165.

Abb. 6   The Fitzwilliam Museum, Cambridge.

# Register

Hinweis: Es handelt sich um ein Auswahlregister, in das nicht sämtliche im Text erwähnten Personen und Gegenstände aufgenommen wurden.

*Aus dem Verlagsprogramm*

# Die Antike bei C.H.Beck – Eine Auswahl

*Hartwin Brandt*
## Konstantin der Große
Der erste christliche Kaiser
2. Auflage. 2007. 208 Seiten mit 19 Abbildungen und Karten
u. einer Stammtafel. Leinen

*Leonhard Burckhardt*
*Jürgen von Ungern-Sternberg (Hrsg.)*
## Große Prozesse im antiken Athen
2000. 301 Seiten mit 9 Abbildungen. Leinen

*Hellmut Flashar*
## Inszenierung der Antike
Das griechische Drama auf der Bühne
Von der frühen Neuzeit bis zur Gegenwart
2. überarbeitete und erweiterte Auflage. 2009. Gebunden

*Hans-Joachim Gehrke*
## Kleine Geschichte der Antike
1999. 243 Seiten mit 124 Abbildungen, davon 61 in Farbe,
sowie 3 Pläne und 2 farbige Karten als Vor- und Nachsatz. Gebunden

*Volkert Haas*
## Babylonischer Liebesgarten
Erotik und Sexualität im Alten Orient
1999. 208 Seiten mit 10 Abbildungen und einer Karte. Gebunden

*Bernhard Maier*
## Die Religion der Kelten
Götter – Mythen – Weltbild
2. Auflage. 2004. 252 Seiten mit 10 Abbildungen und 3 Karten. Leinen

# Die Antike bei C.H.Beck – Eine Auswahl

*René van Royen/Sunnyva van der Vegt*
## Asterix entdeckt die Welt
Aus dem Niederländischen von Annette Löffelholz
unter Mitarbeit von Nicole Albrecht
Mit deutschen Bildtexten von Gudrun Penndorf
2007. 176 Seiten mit 192 Abbildungen. Paperback

*Jörg Rüpke*
## Die Religion der Römer
Eine Einführung
2. Auflage. 2006. 264 Seiten mit 23 Abbildungen. Broschiert

*Leonhard Schumacher*
## Sklaverei in der Antike
Alltag und Schicksal der Unfreien
2001. 368 Seiten mit 146 Abbildungen. Leinen
(Beck's Archäologische Bibliothek)

*Elke Stein-Hölkeskamp/Karl-Joachim Hölkeskamp (Hrsg.)*
## Erinnerungsorte der Antike
Die römische Welt
2006. 797 Seiten mit 117 Abbildungen und Karten. Leinen

*Hildegard Temporini-Gräfin Vitzthum (Hrsg.)*
## Die Kaiserinnen Roms
Von Livia bis Theodora
2002. 543 Seiten mit 58 Abbildungen. Leinen

*Lukas Thommen*
## Umweltgeschichte der Antike
2009. 188 Seiten mit 23 Abbildungen. Paperback
(Beck'sche Reihe Band 1942)

# C.H.BECK ✚ WISSEN

in der Beck'schen Reihe

Zuletzt erschienen: